É PROIBIDO CALAR!

MÍLTON JUNG

É PROIBIDO CALAR!

PRECISAMOS FALAR DE ÉTICA E CIDADANIA COM NOSSOS FILHOS

1ª edição

Rio de Janeiro | 2018

CIP-BRASIL. CATALOGAÇÃO NA FONTE
SINDICATO NACIONAL DOS EDITORES DE LIVROS, RJ.

J92e Jung, Mílton
É proibido calar!: precisamos falar de ética e cidadania com nossos filhos/Mílton Jung – 1ª ed. – Rio de Janeiro: Best*Seller*, 2018.

ISBN 978-85-465-0136-6

1. Educação de crianças. 2. Pais e filhos. 3. Ética. 4. Cidadania. 5. Filosofia. 6. Educação moral. I. Título.

18-0985
CDD: 173
CDU: 173.5

Angélica Ilacqua – Bibliotecária CRB-8/7057

Texto revisado segundo o novo Acordo Ortográfico da Língua Portuguesa.

É proibido calar! Precisamos falar de ética e cidadania com nossos filhos
Copyright © 2018 by Mílton Jung

Todos os direitos reservados. Proibida a reprodução, no todo ou em parte, sem autorização prévia por escrito da editora, sejam quais forem os meios empregados.

Direitos exclusivos de publicação em língua portuguesa para o mundo adquiridos pela
EDITORA BEST SELLER LTDA.
Rua Argentina, 171, parte, São Cristóvão
Rio de Janeiro, RJ – 20921-380
que se reserva a propriedade literária desta publicação

Impresso no Brasil

ISBN 978-85-465-0136-6

Seja um leitor preferencial Record.
Cadastre-se e receba informações sobre nossos lançamentos e nossas promoções.
Atendimento e venda direta ao leitor
mdireto@record.com.br ou (21) 2585-2002

"A felicidade é, portanto,
a melhor,
a mais nobre
e a mais aprazível coisa do mundo."
(Aristóteles, em *Ética a Nicômaco*)

Aos meus pais, Milton e Ruth.
À minha esposa, Abigail.
Aos meus filhos, Gregório e Lorenzo,
por me ensinarem a ser pai e me inspirarem a escrever este livro.

SUMÁRIO

PREFÁCIO	11
1. POR PRINCÍPIO	17
2. POUCA COISA NÃO É	23
3. SER PAI, SER MÃE	35

    Melhor que o pai
    Os novos pais
    O pai e a mãe de família
    Uma boa notícia

4. SER FILHO, SER FILHA	53

    Agenda cheia
    Papo de pais
    Carreira de vida

5. SERMOS NÓS	69

    Construindo o diálogo
    Coragem de dizer não
    Pais terceirizados

6. SER ÉTICO	87

    É comigo que estou falando
    E falando do quê?
    Qual caminho seguir

Dever e responsabilidade
Justiça seja feita
Entre amigos

7. SER CIDADÃO — 135
Uma nova pergunta
Uma nova resposta
Vale para todos
A cidadania como virtude
Política se discute
Adote essa ideia

8. SER FELIZ — 181

FONTES DE INSPIRAÇÃO — 189

Prefácio

Eu tive um pai presente e carinhoso, e fui uma adolescente rebelde. Meu pai, ao contrário dos pais de várias amigas minhas no interior de Minas Gerais, jamais me disse que o destino da mulher era casar e ter filhos. Pelo contrário, dizia que eu me casaria apenas se quisesse, o importante era fazer um curso superior, ter uma profissão e um sonho. Isso era uma novidade completa na conversa daqueles dias em Caratinga. E mesmo diante desse pai moderno eu fui a mais rebelde das adolescentes do meu grupo de amigas.

Por que estou contando tudo isso? Porque este livro que o leitor tem nas mãos nos faz pensar profundamente sobre nós mesmos, nossas relações com os pais e com os filhos. No meu caso, também na relação com os netos. A vida familiar está no olho de um furacão. Tudo o que estava estabelecido não está mais. Os valores são outros, os papéis foram embaralhados, a revolução digital altera a cada dia o cotidiano das famílias e da sociedade. De um lado, somos os mesmos, de outro, somos totalmente diferentes. A tecnologia que transformou os modos de produção atingiu em cheio o comportamento de crianças e adolescentes. Eles são diferentes do que fomos, mas estranhamente iguais. Essa é a dificuldade do tempo atual: entender as permanências e as mutações.

Neste livro, o leitor encontrará o ambiente gostoso de uma conversa com um amigo sobre fatos da vida. E perceberá que essa é a conversa que precisamos ter. As relações familiares estão em plena turbulência com todas as mudanças da vida moderna, e por isso temos que repensar tudo. Deve ter sido confortável o tempo em que se recebia um manual de instrução de como ser pai e de como ser mãe e o seguia. Mas a questão é que naquele tempo se errava mais. Temos que ir descobrindo aos poucos o que fazer em cada circunstância.

Mílton Jung faz parte do grupo que quer reescrever o papel paterno. Não mais o que auxilia a mãe, mas o que divide as tarefas. Não o que diz "isso é com sua mãe", mas o que sabe que cada dilema e desafio devem ser enfrentados pelos dois. Como feminista vejo isso com muito bons olhos, com a certeza de que valeu a pena querer mudar o mundo.

Meu marido não é o pai dos meus filhos. Eu me separei quando os filhos eram pequenos, passei muitos anos descasada, e só voltei a me casar quando eles já estavam na adolescência. No dia em que nasceu a minha primeira neta, eu me vi numa situação delicada. A mãe da minha nora teve que fazer uma viagem logo depois do nascimento e, quando fomos todos com a linda menina para casa, apareceram os problemas. Normais. Por exemplo, era preciso dar o primeiro banho. Todos olharam para mim, afinal eu era a avó e deveria saber o que fazer. Eu estava em pânico, com a sensação de que tinha esquecido tudo. Meu marido chamou meu filho e a cena que se passou foi linda. O padrasto ensinou ao enteado como dar banho, trocar fralda, pôr para arrotar, tratar as brotoejas e vestir a pequena. Eram homens de um mundo novo, constatei aliviada.

Mílton é jornalista e filho de jornalista. Nos fins de semana, o pai o levava para a rádio onde trabalhava para aliviar o peso da mãe. Eu sou jornalista e levava meus filhos para a redação quando estava de plantão, por não ter com quem deixá-los. Mílton seguiu a carreira do pai. Quando os meus filhos me disseram, em tempos diferentes, porque um é quatro anos mais velho que o outro, que queriam ser jornalistas, me assustei. Lembrei de todos os problemas que havia enfrentado na carreira. O mais velho me disse então que eu sempre chegava animada contando da dureza de um dia cheio de notícias e que, portanto, parecia ser uma boa profissão. Meus filhos são excelentes jornalistas, e desenvolveram estilos próprios. Mas pais e mães enfrentam a aflição de ver o filho ou a filha em dúvida sobre o caminho a seguir. Nesses tempos novos, tudo o que precisamos lembrar a eles é que as profissões mudarão ao longo da vida de cada pessoa, e que o importante é estar preparado para aprender e se transformar a vida inteira.

E como prepará-los para a confusa situação política do Brasil neste momento, em que são divulgadas, em bases diárias, diálogos horrorosos e comportamentos condenáveis de pessoas públicas? O livro fala disso também. A ética não envelheceu, nem os valores perderam o sentido. Ensinar pelo comportamento e não apenas por palavras. Parar para explicar ao filho o sentido profundo do diálogo entre um homem do povo e o político que perdeu os limites entre o certo e o errado. O autor deste livro vai, assim, costurando histórias e ideias, e levando o leitor para a sua própria reflexão. Outra das lições de Mílton Jung: o ativismo pode ser apartidário. É dele a ideia que virou uma campanha muito bem sucedida: "Adote um Vereador". Com ela não apenas o vereador passa a ser fiscalizado, mas o eleitor aprende que o compromisso cívico não se esgota no dia do voto. A atitude correta é permanecer envolvido com as escolhas que são feitas em nosso nome.

Como eu disse, este livro nos leva a pensar na própria vida. Por isso fiquei aqui, ao escrever essa apresentação, pensando na minha vida. Um dos meus filhos foi passar um tempo na Califórnia estudando. Fui visitá-lo, morta de saudades dos netos, tão logo ele se instalou. Lá, acompanhei minha neta, de 5 anos, à aula de inglês da universidade. Ela foi chorando, e me disse que detestava aquele momento do dia. Vi que ela enfrentava sozinha as dificuldades de estar no ambiente inóspito de um idioma desconhecido e não me pedia socorro. Notei também que os pais de outros alunos, fossem asiáticos ou latinos, eram superprotetores e costumavam soprar as palavras certas para os seus filhos. Achei que meu filho e minha nora é que estavam certos e tive certeza disso mais tarde. Ela aprendeu a falar em três meses, proeza que só as crianças conseguem. Um dia, a professora relatou que quando chegava um aluno novo ela era a mais acolhedora e ajudava o novato no aprendizado. Aprendera como era difícil esse recomeço da comunicação, e por isso tornava mais suave a iniciação de outros.

O que se deve fazer nestes casos? Tive uma conversa com ela, mostrando que ela tinha a atitude certa. E como era importante manter sempre esse olhar para o outro. Às vezes nós recriminamos, mas esquecemos de elogiar o comportamento certo dos nossos filhos e netos.

Por ser jornalista de rádio, Mílton trabalha falando. Neste livro ele escreve falando. Você entenderá, leitora e leitor, ao longo das próximas páginas. O que fazer diante da explosão de hormônios e rebeldia da adolescência? Que força estranha é essa que temos quando os filhos se machucam? Se a avó avisa que é melhor tomar água nas refeições, os pais podem dizer que a avó tem razão, mas continuar com o hábito de tomar refrigerante todo santo dia? Pequenas e grandes dúvidas dos pais no cotidiano, pequenos e grandes dilemas na educação dos filhos num tempo em transformação e num país que enfrenta a hora mais aguda do seu debate ético. Tudo isso está aqui em tom de diálogo.

Meus pais e eu tivemos muito tempo para construir uma relação estável e carinhosa depois da minha grande explosão de rebeldia na adolescência. Aprendi muito com eles também na vida adulta. Quando a dor bateu forte em mim, eles me ampararam sem recriminações. Eram apenas os meus pais me ajudando a curar as feridas de uma batalha desigual. Já os perdi há muitos anos e ainda os ouço. Uma das lições éticas do meu pai, pastor presbiteriano e professor, e da minha mãe, professora de escola pública, era que existe uma linha sutil, mas decisiva, entre o legal e o ético. Um comportamento aceito pela lei, pelos costumes, pelo "todo mundo faz", pode não ser o que você deve fazer. Uma atitude pode ser lícita e ser inaceitável. Eles me ensinaram a pensar nisso antes de agir. Em tempos confusos como os atuais, consulto sempre essa linha divisória que carrego como herança e transmiti aos meus filhos.

Eu me lembro dos meus pais, nas mais diversas circunstâncias da vida. Pais são para sempre. Por isso é preciso parar, pensar e escolher, a cada momento, qual é o melhor comportamento no cotidiano da vida com os filhos. Não existem manuais. Uma boa conversa com os amigos pode ajudar a tirar várias dúvidas. O que este livro propõe aos leitores é uma boa conversa entre amigos.

Míriam Leitão

1
POR PRINCÍPIO

Sou apaixonado pelo que faço. E o que faço parte do público sabe por ouvir falar.

Sou jornalista e apresento um programa de rádio.

Falo muito, na crença de que os outros vão ouvir. E falo da vida dos outros, pois o jornalista conta histórias do cotidiano que interessam ou devem interessar às pessoas — de preferência para ajudá-las a construir seu próprio pensamento.

Falo de políticos e politiqueiros. De autoridades e autoritários. De pessoas sobre quem vale a pena falar. E de uma gente que não valeria uma nota de rodapé, mas acaba nas manchetes pelo cargo que ocupa e pelo mal que perpetua.

Falo para inspirar as boas ações e para incentivar transformações, mas também para denunciar aqueles que ocupam a vida pública em benefício privado, que desviam nosso dinheiro para o próprio bolso e que, com os tostões que nos levam, deixam o brasileiro sem hospital, sem escola, sem segurança e sem dignidade.

Mas não pense que eu só falo!

Tem outras coisas que faço, coisas que poucas pessoas conhecem, mesmo porque são da minha vida particular — e não devem ser interessantes para os outros. Essas coisas eu também faço por amor.

Este livro me provocou a falar sobre uma dessas coisas. Sobre a coisa que eu mais amo fazer: ser pai.

Não sei em que momento esse desejo surgiu, mas quando veio foi arrebatador. Eu queria para ontem, para agora, para quando desse e viesse.

Eu queria ser pai e um pai melhor do que o meu — e você não tem ideia do respeito que sinto pelo pai que tenho.

Hoje, sou pai de dois filhos, com quem vivo, ao lado de minha mulher, as pessoas mais importantes para mim. Com eles — e com ela — aprendi, cresci, amadureci, tomei vergonha na cara, chorei muito e me esforcei ao máximo para ensinar alguma coisa — para valer a pena todo sonho que sonhei.

Tivemos ótimas experiências até aqui, apesar dos alertas que recebi de amigos e especialistas para os riscos de cada etapa da vida. Sobre o recém-nascido e suas cólicas; sobre a criança que começa a caminhar e suas artimanhas; sobre o adolescente e suas rebeldias; sobre os que começam a vida adulta e suas perguntas.

A cada relato, as pessoas pareciam testar o meu prazer de ser pai. Elas falavam de problemas que se avizinhavam e de dificuldades que eu enfrentaria ao administrar os diferentes estágios desse relacionamento.

> Eu queria ser pai e um pai melhor do que o meu — e você não tem ideia do respeito que sinto pelo pai que tenho.

Alguma coisa deu errado.

Os anos se passaram, nós fomos crescendo juntos e continuamos a curtir as fases que se apresentam — ainda que angústias e preocupações façam parte da parceria que estabelecemos. Neste tempo todo de convívio, sofremos muito, nos desentendemos, ficamos com cara amarrada um para o outro, discordamos de um monte de coisas e levamos à frente muitas divergências. Mas nos resolvemos e aprendemos com essas circunstâncias.

Sei lá se é porque jamais tive a ilusão de que ter uma família seria um espetáculo digno de comercial de televisão e me preparei para crescer com os dramas que teria de encarar — assim como me preparo para o dia em que eles começarão a voar por sua conta e risco.

Sei lá se é porque eu sempre amei demais a ideia de ser pai ou se é porque os meus filhos entenderam essa minha paixão e resolveram me dar uma força — e, claro, eu agradeço por tudo o que eles fizeram por mim até aqui. O que eu sei é que não tenho do que reclamar.

Talvez eles tenham. Mais ainda a partir de agora, pois fui convencido a escrever para outros pais. Como só sei escrever contando histórias, me obriguei a inconfidências, a contar coisas que vivemos dentro da nossa casa. E conto também de outras casas, onde vivi com os meus pais e os meus avós.

> Escrevo sobre ideias que testei no cotidiano com os meninos — e com os outros também, pois não existe essa coisa de ter uma ética com os filhos e outra com o colega de trabalho. Os princípios e valores que nos pautam são os mesmos em qualquer circunstância, não são adaptáveis.

Este livro se transformou em uma catarse. Apesar da emoção, levado pelas lembranças e pelos desafios que assumimos na paternidade, tomei cuidado para não colocar em risco seu principal objetivo: falar com os pais sobre ética e cidadania, já que somos fundamentais na formação do caráter das crianças — e nosso principal compromisso é educá-las sob esses parâmetros.

Escrevo sobre ideias que testei no cotidiano com os meninos — e com os outros também, pois não existe essa coisa de ter uma ética com os filhos e outra com o colega de trabalho. Os princípios e valores que nos pautam são os mesmos em qualquer circunstância, não são adaptáveis. Não tem lógica imaginar que é possível ser honesto com os filhos, meio honesto com o vizinho e um crápula com os parceiros da vida profissional.

Escrevo, também, sobre experiências que tive atuando ao lado de gente da mais alta generosidade, que aceitou arregaçar as mangas, trabalhar em parceria e tornar a vida em sociedade um pouco melhor. Para deixar incrédulos e crentes perplexos, é gente que faz política de verdade, mesmo que a prática seja demonizada por boa parcela dos brasileiros devido aos maus exemplos que vemos todos os dias. Gente que faz política na cidade, na escola, no trabalho e na comunidade.

Escrevo coisas que vivenciei e absorvi ao longo do tempo — muita coisa que só pratiquei, jamais havia estudado. E isso me causa arrepios, porque sei que, quando o leitor encontra uma informação, quer fontes, referências, dados estatísticos. Quer tudo validado. O jornalista também pauta sua conduta dessa forma, mas aqui eu fui mais pai do que jornalista.

Fazer o que eu fiz foi também um atrevimento, especialmente quando se sabe que o livro definitivo sobre ética foi escrito por um pai, ainda no século IV

> Escrevo sobre ideias que testei no cotidiano com os meninos — e com os outros também, pois não existe essa coisa de ter uma ética com os filhos e outra com o colega de trabalho.

a.C.: *Ética a Nicômaco*, de Aristóteles, é dedicado ao filho dele, que, aliás, tinha o mesmo nome do avô. Mas aceitei fazer pela pretensão de fazer porque sou pai.

Independentemente da precisão, de conceitos que reinterpretei, das idas e vindas do meu pensamento, há uma certeza que você, caro e raro leitor, pode ter ao me acompanhar nas próximas páginas: tudo o que aqui está escrito foi validado por minha paixão em ser pai.

Você vai perceber que falo muito mais sobre ser pai do que sobre ser mãe. Por favor, mãe, não me queira mal. Eu sei que você vai entender minha escolha quando terminar a leitura. Se me refiro a "pai" em muitas passagens, é porque aqui está a experiência de um pai com seus filhos — de um pai que só cumpre o seu papel porque tem ao seu lado uma mulher incrível, que sabe colocar muitas das coisas no seu devido lugar. Não saberia fazê-lo sozinho.

Falo de um pai e de uma mãe porque foi a vivência que tive, jamais por acreditar que esse é o modelo de família que definirá o rumo dos filhos. A família contemporânea tem múltiplas e complexas formações. É ampliada — porque os adultos de referência podem não ser apenas o pai ou a mãe. Assim como é monogâmica, é poligâmica ou é poliândrica. A família é hétero ou homossexual. E quantas experiências incríveis os filhos e as filhas têm e tiveram diante dessa diversidade. Que riqueza podem encontrar nesses núcleos!

Esteja escrito pai, mãe, pais ou mães, estarei sempre me referindo a você que aceitou o convite que a vida lhe fez de ser o responsável por assegurar a sobrevivência e o desenvolvimento pleno de uma criança — esteja só ou bem acompanhado. Sem qualquer distinção.

O que importa é que você, ao participar desta conversa que proponho, apresente-se com sua identidade e entenda a importância do papel que exercemos diante dos filhos e filhas.

Que você perceba que, se o desejo que temos é o de viver em um país justo e generoso — com igualdade social, respeito ao próximo e honestidade —, precisamos iniciar esse trabalho dentro de casa e assumir a responsabilidade pela criação de nossos filhos com base na ética.

É nossa função ajudá-los a interpretar o que acontece no mundo e em especial no Brasil, onde cresce o processo de desconstrução da política e se fortalece a ideia de que o país não tem mais jeito — quando na realidade a apuração de irregularidades, a denúncia de casos de corrupção e a punição de malfeitores a que estamos assistindo são o próprio jeito. Um jeito que só é possível na democracia.

É nosso compromisso como pai e como mãe que somos alertar que estamos em um cenário no qual aventureiros e aproveitadores se apresentam a todo instante, gente que explora o desconhecimento da história para nos oferecer a salvação da pátria por meio de práticas erradas que, na maior parte dos casos, se revelaram desumanas.

É nossa missão educá-los para a convivência, que se realiza em todos os ambientes, reais e virtuais, incentivando que eles se expressem com base em argumentos sólidos e equilibrados — contrapondo-se à intolerância e à informação distorcida e mal-intencionada que circulam em grande quantidade, especialmente nas redes sociais.

Educá-los para a vida pública, transformando-os em cidadãos, com direito à felicidade — deles, de suas famílias e de seu país.

2
POUCA COISA NÃO É

Durante anos aquele pedaço de jornal esteve preso por um ímã à porta da geladeira, em meio a listas de compras e lembranças de viagens. Parecia esquecido pelo tempo e sem importância. Até que decidimos trocar a geladeira por uma mais econômica e menos nociva ao meio ambiente, diante de um apagão que ameaçava o Brasil. Estava na hora de economizar, e todo mundo teria de fazer a sua parte — até porque o governo não havia feito a dele.

Ao tirar o monte de ímãs da geladeira antiga, contei com a ajuda do filho mais velho, pequeno ainda, que assistia à mudança com curiosidade — e foi a curiosidade que o instigou a querer saber o que estava escrito no recorte de jornal e por que aquele papel amarelado fazia parte da minha coleção de penduricalhos de cozinha.

Era mesmo antigo aquele papel. De 1992. Meu filho ainda não era nascido; nem mesmo era prospectado. Já o papel, recortado de um jornal paulista, mostrava a imagem de um cidadão brasileiro e duas frases:

— E tudo isso apenas movido pelo patriotismo?
— E o senhor acha pouco?

O rosto e a fala final eram de Eriberto França, potiguar, 27 anos, funcionário que prestava serviços à secretária particular de Fernando Collor de Mello, primeiro presidente da República eleito após o fim da ditadura militar. Collor também foi o primeiro presidente eleito a sofrer impeachment após o fim da ditadura. Depois dele, viriam outros eleitos e mais uma "impichada" — com o perdão da palavra.

Eriberto era uma espécie de faz-tudo de Ana Acioli, a secretária de Collor. Tanto podia ser requisitado para levá-la a algum lugar em Brasília como para comprar produtos que serviriam à Casa da Dinda, onde a família Collor de Mello morava.

Boa parte dos afazeres era coisa comum a qualquer família brasileira: compras em supermercados, lojas de roupas e de artigos de decoração. Outros causavam estranheza, como sair de carro para providenciar bodes, galinhas e apetrechos necessários para rituais de magia negra. A carga mais escandalosa, porém, eram os pacotes de dinheiro provenientes de corrupção com os quais Eriberto pagava as despesas da família presidencial. Às vezes ele os entregava para Ana Acioli, que distribuiria o conteúdo para outros personagens da história política do Brasil.

Nem sempre o dinheiro aparecia na forma de cédulas. Havia os cheques, também, geralmente de contas fantasmas — foi um desses cheques, entregue por Eriberto para comprar um Fiat Elba, usado durante a prestação de serviço, que serviu de prova das irregularidades comandadas pelo tesoureiro Paulo César Farias, o PC Farias.

Cansado de tanta roubalheira, como ele próprio definiu o esquema que presenciava, foi convencido por repórteres da revista *IstoÉ* a conceder entrevista e denunciar as falcatruas, em julho de 1992. Informações que foram confirmadas logo depois, mesmo coagido por parlamentares e homens próximos do presidente, durante a CPI do PC Farias, no Congresso Nacional.

Diante de depoimento tão contundente, o deputado federal Roberto Jefferson, que comandava a tropa de choque de Collor, usou tom sarcástico e gestos performáticos para questionar as razões que teriam levado Eriberto a denunciar seu chefe.

Para o parlamentar, era difícil acreditar que houvesse um brasileiro trabalhador, gente simples, sem diploma, com autoridade suficiente para enfrentar o poder e confirmar a existência de contas fantasmas, pelas quais circulava dinheiro de corrupção, usadas por Collor e o tesoureiro dele.

— **E tudo isso apenas movido pelo patriotismo?** — perguntou o deputado.
— **E o senhor acha pouco?** — respondeu Eriberto.

Jefferson — que haveria de balançar a República novamente 13 anos depois, como protagonista das denúncias do Mensalão, seria preso, libertado e, atualmente, comanda um partido político no Brasil — considerava inimaginável alguém deixar o sossego do seu cotidiano sem que fosse levado por segundas (e más) intenções. Teria de estar a serviço de alguém ou algum grupo interessado em tomar o poder. Só poderia estar levando algum por fora para bancar aquelas informações — alguma treta tinha de ter ali.

É golpe! Deve ter gritado a consciência do deputado, na intimidade dos seus pensamentos, enquanto ouvia aquelas acusações, que deviam estar provocando nele "os instintos mais primitivos". Não se perca pelas declarações: a frase entre aspas foi verdadeiramente proferida por Roberto Jefferson, em 2005, durante embate com o deputado federal José Dirceu, que haveria de ser cassado em seguida — era outro escândalo.

E tudo isso apenas movido pelo patriotismo?
E o senhor acha pouco?

Em voz alta, repeti para o meu filho o diálogo impresso no jornal. Como eu disse, ele era pequeno ainda, e eu acreditei que sua curiosidade estaria saciada. Mas ele continuou me encarando, à espera de uma explicação melhor.

A resposta simples e demolidora de Eriberto era emblemática. Para o editor do jornal, foi a frase do dia. Para mim, uma lição de cidadania — não apenas para ser mantida na porta da geladeira, mas para deixar cicatriz na memória, marcando nossa conduta, capaz de guiar cada ato realizado, cada decisão tomada. Um mantra para o cidadão, a ser repetido sempre que nos depararmos com os dilemas éticos que o cotidiano da casa, do trabalho, da escola, da política e das relações humanas nos impõe. Para pautar minhas conversas com os guris — atualmente são dois —, a mulher, os parentes, os amigos, os colegas de trabalho e todo tipo de gente que cruzar nosso caminho.

Patriotismo não é coisa pouca. É o orgulho que temos pelas coisas da nossa terra, pelos símbolos que nos unem. E os nossos símbolos, com todo o respeito, são muito mais do que a bandeira, o brasão e o hino. São os nossos atos e características, a nossa cultura, a nossa história. A educação e a escolaridade que oferecemos. A ética que nos move é símbolo dessa união, também. De amor. De patriotismo.

Recomendo certo cuidado ao falar sobre o tema, pois a palavra remete a *patriotes,* do grego, e lembra *patricius*, do latim. Os patrícios eram fidalgos, aristocratas, que mantinham privilégios na Roma Antiga. Eles não precisavam pagar impostos, por exemplo.

De privilegiados que recebem benesses do Estado já estamos cheios. Prefiro patrícios no sentido que sempre usei nos tempos em que morei no Rio Grande do Sul. Eram os da mesma terra, conterrâneos, compatriotas.

Cuidado redobrado porque, hoje em dia, alguns que envergam a bandeira do patriotismo estão prontos para mais uma patacoada — como aquela que vivemos durante a ditadura militar ou os demais períodos da nossa história em que a democracia foi ferida em nome da pátria. Da pátria e dos interesses daqueles que envergam a bandeira do patriotismo. Não dos que defendem seu país por meio de um esforço cívico para impor a educação, a liberdade e a democracia.

O que nós queremos são patriotas como Eriberto, que não age por conveniência. Que não acha pouca coisa ser honesto, mesmo que isso possa lhe custar muita dor de cabeça e o próprio emprego.

O motorista, apesar de protagonista da história moderna do Brasil, precisou de um favor para sobreviver: foi contratado por algum tempo pela revista que publicara a reportagem exclusiva e decisiva para o destino do Governo Collor, depois que os editores perceberam as dificuldades que ele enfrentava pela ousadia de ter denunciado seus empregadores. Recentemente, soube-se, estava desempregado como milhões de outros brasileiros — boa parte deles honesta como Eriberto.

Quanto ao político que provocou a resposta de Eriberto, como você deve saber, segue dando as cartas no cenário nacional. Ao questionar as intenções do motorista, Roberto Jefferson estava apenas e tão somente avaliando um compor-

Historicamente, a elite política do Brasil subestima o comportamento do cidadão e o avalia usando sua própria régua moral e cívica. tamento baseado em sua própria lógica. Imagine se ele — assim como muitos dos seus patrícios — tomaria uma decisão apenas movido pelo patriotismo.

Na política que conhecemos, com as exceções de praxe (que precisam ser incentivadas), o parlamentar, antes de votar, vetar, criticar, abençoar ou simplesmente falar, calcula com precisão as vantagens das quais o seu grupo político vai usufruir, ou quais cargos poderá indicar, ou a verba que será liberada para as obras e os serviços previstos nas regiões onde mantém seu curral eleitoral — e estou aqui citando as negociações feitas dentro da lei, mesmo que eticamente questionáveis. Há, ainda, os que agem por vingança ou vaidade.

Minha conversa diante da porta da geladeira não se estendeu tanto quanto este texto. Seria informação demais para uma cabecinha tão jovem, apesar de curiosa. Mas acredito que tenha sido possível, naquele momento, transmitir ao meu filho um pouco da importância do que o pai havia vivenciado como jornalista. Eu tive o privilégio de cobrir aquele capítulo da história política brasileira, como repórter e apresentador da TV Cultura de São Paulo.

Talvez ele nem se lembre daquele momento compartilhado na cozinha de casa, mas creio que tenha sido a primeira vez que conversamos sobre política, ética e cidadania — sem que necessariamente esses termos tivessem feito parte do nosso bate-papo.

Oportunidades não nos faltariam para voltar ao assunto. A desconfiança da autoridade diante da coragem do cidadão não se resumiu ao episódio da Era Collor.

Historicamente, a elite política do Brasil subestima o comportamento do cidadão e o avalia usando sua própria régua moral e cívica. É só lembrar dos protestos juninos a que assistimos, em 2013, quando meus filhos já eram grandes o suficiente para tirar suas próprias conclusões — o que tornou, sem dúvida, a conversa com eles muito mais complexa, mas nada que se compare às dificuldades que nossos líderes, perplexos com o movimento social, enfrentaram para entender o que acontecia naqueles dias.

Assim que as primeiras manifestações de rua chacoalharam o país, autoridades públicas e políticos se apressaram em responsabilizar a oposição, fosse ela quem fosse — poderia ser qualquer coisa que não estivesse ao lado deles. Procuraram culpados na esquerda e na direita. Apontaram o dedo para cima e para baixo. Não foram capazes de perceber que as pessoas não se enquadravam mais na geografia ideológica à qual estávamos acostumados — aquela que aprendemos nos livros do passado.

Os pensamentos que surgem em rede no emaranhado de ideias e intenções que se desenha na internet extrapolam os manuais políticos, constroem novas visões, fortalecem propostas e movem pessoas.

Desorientados, políticos tradicionais, do alto e do baixo clero, acusavam os jovens, seus pais, seus avós, senhoras e senhores de ocuparem as ruas por motivação política, como se o exercício dela — a política — fosse direito privado deles e de seus partidos. Como se agir politicamente fosse crime.

> Faz-se política participando de movimentos, reivindicando melhorias para a comunidade e se engajando no debate público. A política só faz sentido quando está na vida das pessoas. É entre nós e em nosso cotidiano que ela se concretiza.

Claro que era motivação política! Porque esta não se restringe ao que se faz nos gabinetes, no parlamento ou nos governos — não é privilégio de partidos. Ela está no que nos remete à coletividade, portanto à convivência. Nos diversos espaços que frequentamos. Faz-se política participando de movimentos, reivindicando melhorias para a comunidade e se engajando no debate público. A política só faz sentido quando está na vida das pessoas. É entre nós e em nosso cotidiano que ela se concretiza.

Em 2013, cidadãos ocuparam espaços públicos com cartazes nas mãos e corações indignados não especificamente para derrubar um governo, como se fez na Era Collor, nem para ratificar uma lei, como na época das Diretas Já. Queriam reclamar do sistema — ou dos sistemas — e defender a democracia. Mas foram obrigados a ouvir a ironia da autoridade e de seus aspones: "Tudo isso por 20 centavos?"

O comentário fazia referência ao valor do reajuste das tarifas de ônibus em algumas cidades brasileiras, que inspirou o início dos protestos. Os críticos não tiveram capacidade de entender que o que se pedia valia muito mais: respeito!

Em escala menor, experimentei esse mesmo ceticismo quando incentivei um grupo de moradores de São Paulo a assumir o compromisso de fiscalizar, monitorar e controlar os vereadores na Câmara Municipal, formando a rede Adote um Vereador, em 2008. A desconfiança apareceu na forma de discurso no plenário, feito por parlamentares incomodados com a intenção que tínhamos de observar os nossos representantes e pedir transparência no trato da coisa pública — simples assim!

Fomos convocados para debater na Casa, não porque pretendiam abrir o diálogo e ouvir nossas reivindicações; o interesse deles era saber quem estava por trás daquela ideia ou quem financiava a nossa organização, como se somente o dinheiro pudesse mover as pessoas. Mais uma vez, usaram sua própria moeda para calcular o valor do nosso esforço.

Como se sabe, uma parcela dos vereadores — assim como deputados estaduais e federais, senadores, prefeitos, governadores e presidentes — se transformou em refém de empresas e interesses privados, devido à ajuda financeira que recebem durante suas campanhas eleitorais. Deixamos claro que não precisávamos de um tostão no bolso para realizar o que era um direito do cidadão. Fazíamos aquilo movidos pelo desejo de exercer a cidadania — e cidadania não é pouca coisa. Os meus filhos aprenderam isso.

Como não foi pouca coisa que moveu um grupo de brasileiros que desejava participar da vida política do país a partir de 1997. Naquele ano, a Confederação Nacional dos Bispos do Brasil, CNBB, lançou a campanha "Combatendo a corrupção eleitoral". Surgia então um movimento cívico contra a compra de votos e o uso da máquina administrativa para fins eleitoreiros. Essa mobilização ganhou forma de projeto de lei um ano depois, e o projeto foi aprovado no Congresso Nacional. A Lei 9.840 foi a primeira norma de iniciativa popular aprovada no Brasil.

Imagine a suspeita por parte de autoridades e agentes públicos quando aquelas pessoas se atreveram a entrar no parlamento e apresentar um projeto de lei criado pela sociedade, debatido pela sociedade e assinado por milhões de pessoas.

"Estão pensando o quê?"

"Quem cria lei é deputado. Querem acabar com a nossa função?"

"Tudo isso apenas por patriotismo."

Hoje, graças à lei de iniciativa popular aprovada por unanimidade no Congresso Nacional — sim, os parlamentares não tiveram coragem de votar contra o desejo da sociedade —, o cenário das eleições mudou de forma considerável. Não que você esteja livre de ouvir alguma proposta indecorosa na próxima campanha. Patriotismo, cidadania, justiça e igualdade!

Essa iniciativa foi adotada porque estávamos cansados de assistir à mesma história: candidatos que pediam votos em troca de tijolo para construção, telhado para casa ou dentadura para sorriso. Já fazia parte do folclore político o eleitor que recebia um pé de sapato com a promessa de retirar o outro se o candidato se elegesse. O folclore é resultado de tradições e costumes transmitidos de geração para geração, sinal de que já fazia muito tempo que esse hábito perverso de aceitar o jogo sujo da eleição era transmitido de pai para filho.

Claro que tínhamos uma boa desculpa para a barganha: política é assim mesmo! Se a gente não aproveitar para pegar alguma coisa agora que os candidatos precisam do nosso voto, não será depois de eleitos, certo? Errado! Muito errado, mas repetido à exaustão, a ponto de considerarmos normal esse comportamento.

Hoje, graças à lei de iniciativa popular aprovada por unanimidade no Congresso Nacional — sim, os parlamentares não tiveram coragem de votar contra o desejo da sociedade —, o cenário das eleições mudou de forma considerável. Não que você esteja livre de ouvir alguma proposta indecorosa na próxima campanha. O candidato pode oferecer um caminhão de grama sintética para forrar o campinho de futebol do seu bairro ou prometer construir uma cisterna para matar a sede na seca. Muitos ainda se arriscam na desesperada corrida pelo voto, assim como há eleitores que acreditam ser legítimo levar alguma vantagem — estamos falando de hábitos enraizados na cultura política brasileira. A chance de a candidatura ser cassada, no entanto, é muito maior.

Nessa luta, foi simbólica a decisão da Justiça Eleitoral brasileira que cassou o mandato de um prefeito do interior da Bahia pela comprovação da compra de um voto. A história foi descoberta depois que um assessor dele percebeu que em uma das urnas o candidato não havia recebido voto; o prefeito eleito mandou então retirar a caixa d'água que havia sido oferecida a uma eleitora daquela seção eleitoral. A moça reclamou na polícia e o caso foi parar na justiça. O TSE cassou o mandato do prefeito em 2012.

A Justiça foi movida apenas por um voto? Sim, senhor prefeito! Porque voto não tem preço, tem consequência.

Histórias como essa deixaram de ser exceção na Justiça Eleitoral. Governadores, senadores, deputados, prefeitos e vereadores já foram cassados com base na lei de combate à corrupção eleitoral. Centenas deles foram impedidos de concorrer às eleições por não estarem de acordo com a Lei da Ficha Limpa, impulsionada pelo mesmo movimento que inspirou a lei da compra de voto, em 2008.

A esta altura você já deve desconfiar de que, da mesma maneira que nos demais fatos descritos até aqui, muito político de alto coturno torceu o nariz para aquele projeto de lei, que também foi uma iniciativa da população. Como de praxe, questionaram as intenções dos que defendiam a ideia. "Tudo isso movido apenas por uma eleição limpa?"

Os casos de Eriberto França, da luta dos movimentos sociais e das iniciativas populares que deram vida às leis de combate à corrupção eleitoral e da Ficha Limpa, assim como tantos outros que fazem parte do nosso cotidiano, oferecem um conteúdo rico para as conversas com os nossos filhos. Esses movimentos nos permitem falar com eles a partir de situações exemplares, que valorizam a conduta ética e a honestidade. Exemplo disso são as emblemáticas prisões e condenações da Operação Lava-Jato.

É provável que, no momento em que você lê este texto, o noticiário esteja denunciando mais um escândalo ou desvio de conduta de gestor público, concorrendo de forma desleal com a ideia que defendo de que estamos assistindo a transformações na política brasileira.

Mesmo diante da aparente contradição entre fatos e versões, garanto a você que minhas conversas com os guris, aqui em casa, são muito mais avançadas do que as que eu tinha com o meu pai quando era a criança. Seja pela quantidade de histórias que vivenciamos, seja porque eles têm muito mais acesso à informação do que eu tinha na minha infância.

Ser pai ou ser mãe, atualmente, é um tremendo desafio.

Os meninos e as meninas não apenas leem muito mais, ouvem muito mais e assistem a muito mais. Eles também se atrevem a nos questionar muito mais — bem mais do que eu era capaz de fazer com meu pai, tenho certeza.

Hoje, se você pretender conversar com seu filho sobre qualquer assunto acreditando que sua opinião é que vai imperar, prepare-se[*]:

"Acreditar em você apenas porque você é o pai?"
"E você acha pouco?"

---

[*] Texto ampliado e adaptado para esta obra. Publicado originalmente pelo autor no prefácio do livro *O gigante acordado*: manifestações, Ficha Limpa e reforma política, de Marlon Reis (Rio de Janeiro: Leya, 2013).

3
SER PAI, SER MÃE

"Acreditar em você apenas porque você é o pai?"
"E você acha pouco?"

Pouca coisa a gente não é, tenho certeza! Tanto quanto sei que a coisa não está nada fácil para nós.

Os pais de hoje devem suspirar quando ouvem as histórias dos seus pais e dos pais deles — parecia tudo mais simples e bem definido. Pai era pai, mãe era mãe, e ai dos filhos que não obedecessem. O meu pai foi parar no internato e o irmão dele, que hoje também é pai, foi passear do outro lado da calçada, quando eram adolescentes.

Meu pai não deve ter sido um filho muito tranquilo, pelo que ele mesmo conta. A escola jamais foi seu lugar preferido, mas ele era obrigado a ir, então estudava daquele jeito. Notas baixas e indisciplina deixavam meu avô desnorteado — logo ele, que controlava cada tostão que saía do bolso, regulava os gastos da minha avó tanto quanto da drogaria da qual foi gerente e conferia meticulosamente receita e despesa da fábrica de elevadores da qual foi representante. Assim que o boletim do meu pai era entregue pelos professores, o castigo chegava.

Sem conseguir colocar o guri nos eixos, meu avô adotou uma medida drástica: internou o filho mais velho em uma escola no interior do Rio Grande do Sul. Conta meu pai que várias vezes tentou fugir pelos fundos do colégio, comandado por padres católicos. A cada vez que era flagrado e obrigado a retornar para o quarto, se agarrava à maçaneta do portão e não havia santo capaz de arrancá-lo daquele lugar. Meu avô cortou um dobrado com meu pai, para usar uma expressão da época.

Quando pensou que seus problemas estariam resolvidos e que a lição havia sido aprendida, meu avô teve de enfrentar os tempos modernos que se estabeleciam. Meu tio mais novo já sofria a influência musical dos Beatles, que tocavam no rádio de válvula na sala de sua casa. Gostava da música e dos hábitos, o que logo se traduziu em deixar o cabelo crescer até onde desse. Naturalmente, meu avô anunciou que daquele jeito não andaria ao lado dele: "Guri transviado!"

Por mais que pressionasse o filho, o cabelo se manteve longo. Ficou decidido então que, nos passeios domésticos, meu avô andaria por uma calçada e seu filho mais novo pela outra. Quando conheci o meu tio, ele ainda tinha o cabelo comprido e era baterista de uma banda cover dos Beatles, em Porto Alegre. Os ensaios eram na garagem da casa do meu avô, que aceitou a presença dos amigos por ali, pois tinha a ilusão de que assim controlaria a turma. Ledo engano!

Tenho dúvidas se a rigidez da disciplina que meu avô impôs aos filhos foi suficiente para impedir as traquinagens dos dois guris. Já minha tia, filha do meio, segundo consta, era mais bem-comportada que os irmãos. Talvez porque naquela época as gurias, aparentemente, davam menos trabalho.

De qualquer forma, havia regras muito claras na convivência de todos. Meu avô era o chefe da família, o homem da casa. Minha avó cuidava dos afazeres domésticos e cumpria as "ordens superiores". Os filhos tinham seu lugar determinado e regras explícitas — podiam não compreendê-las nem aceitá-las, mas, ao deixarem de cumpri-las, pagavam por isso. O chinelo da minha avó falou alto no traseiro deles, muitas vezes.

Havia uma ética bem definida que conduzia a relação familiar, baseada em valores e costumes próprios e aceitáveis na época. O fundamental é que, independentemente dos métodos e formas, o bem era o propósito final, como tendem a ser todas as ações paternais, com as exceções de praxe. Não me arrisco aqui a filosofar; só estou recordando.

"Ah, que saudade daqueles tempos em que ordem e disciplina imperavam na família brasileira. Hoje está tudo perdido, sem rumo, sem regras e sem respeito."

Será mesmo?

Meninos rebeldes e meninas atrevidas sempre existiram, apesar da educação rígida e restrita em alguns núcleos familiares. Muito do que acreditávamos ser ordenamento moral era falsidade: o pai que exigia respeito dos filhos era o mesmo que não respeitava a mulher; os filhos que baixavam a cabeça para o pai se levantavam de forma agressiva contra colegas e amigos; e a mãe obedecia por medo. Quantos casais permaneceram juntos na mesma casa apenas por conveniência ou por vergonha de assumir para a sociedade o esfacelamento da relação conjugal.

Hipocrisia!

A família atual não está sem rumo, sem regra ou sem respeito, como muitos tentam me convencer — ao menos não mais do que no passado. Só está diferente. Muito diferente. Porque o mundo mudou demais. A evolução nas relações, a conquista de direitos, a busca pela liberdade e a necessidade de viver em condições de igualdade — valores essenciais para a boa convivência — transformaram o nosso jeito de ser. Com regras e rumos novos, tivemos de nos adaptar — nem sempre com facilidade, pois ainda somos resultado da soma de todos os comportamentos que ajudaram a construir nossa personalidade.

É por isso que, desde que a intenção de ser pai se revelou dentro de mim — e esse foi um sonho que cultivei por muitos anos até que realmente estivesse preparado para realizá-lo —, estabeleci uma meta: ser um pai melhor do que o meu.

Calma lá! Antes que a ideia de ingratidão nesse meu pensamento prevaleça, leia o que tenho a dizer e depois me julgue.

MELHOR QUE O PAI

Meu pai, antes de ser meu pai, foi aquele guri indisciplinado, péssimo aluno em matemática, porque não apreciava as ciências exatas. Ele preferia português, história e geografia, matérias nas quais costumava se dar bem. Relutava em aceitar as regras impostas pelos professores da escola e pelos padres do internato. Tentava fugir nas poucas oportunidades que surgiam. Arriscava-se em caminhadas quixotescas pelo trilho do trem na crença de que, ao segui-lo, alcançaria a cidade desejada, sem perceber a impossibilidade de percorrer a pé a distância entre origem e destino.

Arteiro, seus fundilhos arderam com as chineladas da mãe. Foi criado por um pai disciplinador, dentro dos moldes da época, mas que lhe fazia agrados na tentativa de conquistar seu coração. Meu avô era zeloso em relação aos filhos e movido pelo amor, que talvez não fosse expressado em palavras por causa do viés de autoridade.

Ao mesmo tempo que meu avô se esforçava para controlar a família, era incapaz de conter a ansiedade do meu pai. Fez o que pôde para que todos permanecessem dentro de casa, mas, quando percebeu que não seria possível, preferiu manter o mais velho sob o controle rígido da escola — talvez servisse de exemplo aos irmãos.

Essa relação entre eles ajudou a forjar a personalidade do meu pai, permitindo que ele vencesse etapas importantes da vida, tanto quanto deixou legados difíceis de serem tratados.

O filho mais velho do meu avô se transformou em um profissional respeitado, correto e disciplinado. Casou-se e teve três filhos — eu sou o do meio. Teve de assumir o papel de homem da família em um tempo em que os pais ainda tinham essa função.

Ele nos ensinou muito, nos educou a partir de seus parâmetros de vida, nos ofereceu a melhor instrução que esteve a seu alcance — para meu pai e minha mãe, a educação de qualidade era inegociável — e se esforçou para estar ao nosso lado. Especialmente no meu caso, investiu no esporte com a crença de que seria o melhor caminho para me tornar um homem de verdade — ou aquilo que, na época, era assim considerado.

Desde pequeno, cultivou exagerada preocupação com a ausência das pessoas e buscava manter todos ao seu entorno, assim como o pai dele — era um legado. Meu pai sabia que era impossível nos segurar ao seu lado, diante da variedade de atrativos que encontrávamos na rua com amigos e colegas. Tínhamos maior facilidade de ir e vir do que nos tempos em que ele foi adolescente — e aproveitávamos essas oportunidades.

Por mais que tentasse impor horários para que retornássemos à casa, a obrigação não nos atingia. Mesmo consciente dessa nova realidade, da dificuldade de nos conter, meu pai convivia com o que ele mesmo chama de companheira inseparável: a preocupação, que deu seus primeiros sinais quando ainda era criança. Sempre que meu avô se atrasava ao retornar do trabalho, meu pai sofria com a possibilidade de ter ocorrido algum acidente. Era durante a Segunda Guerra Mundial.

Os pais costumam ser preocupados — claro, alguns exageram. Mas a preocupação está na lista de contraindicações quando decidimos colocar filhos no mundo.

Nós nos preocupamos com o crescimento deles, com as notas na escola, com a relação que mantêm com os professores, com os amigos com quem estão saindo, com a hora em que vão chegar, com a profissão que vão escolher, com quem pretendem se casar e se realmente pretendem se casar — será que terão filhos? Que tipo de pais eles serão?

Como pais, nos preocupamos com um monte de coisas sobre as quais não temos controle e que, pior, não temos o direito de impedir. Precisamos aprender a conviver com essa companheira inseparável — usufruo aqui do apelido dado por meu pai a esta sensação que nos desafia diariamente, desde antes de nossos filhos nascerem.

Demorei para entender as reações do meu pai. Eu creditava sua tentativa de controle à falta de confiança

> Os pais costumam ser preocupados — claro, alguns exageram. Mas a preocupação está na lista de contraindicações quando decidimos colocar filhos no mundo.

nos filhos, ao desejo de determinar meu destino e a sua incompreensão quanto ao direito que os adolescentes têm de se divertir a qualquer custo — pelo menos eles acreditam ter.

"Só porque ele não podia sair à noite quando era jovem, eu também não posso agora?"

Só percebi a dificuldade que ele tinha de controlar a ansiedade em relação aos filhos quando estava mais maduro. Entendi, então, o esforço que ele fazia para não repetir conosco aquilo que considerava errado na educação que recebera — e o fazia de seu jeito e modo pelo bem-estar de todos nós, assim como meu avô.

Ele não abriu mão dos valores que adquiriu, da formação ética que recebeu, da importância da boa escolaridade e da convivência com os filhos, mas se ajustou aos novos tempos — e se o fez contou com a parceria de minha mãe, que soube mediar diferenças e mostrou ao meu pai a importância de a família ter uma relação mais avançada do que ela e ele tiveram em suas casas. Meu pai sabia da necessidade de evoluir. Entendeu parte das mudanças que ocorriam a sua volta e evoluiu como pai. Combateu seus medos tanto quanto foi refém deles. Perdeu algumas batalhas e venceu outras tantas. Tentou e conseguiu ser um pai melhor do que o dele. E tenho certeza de que, se meu avô teve tempo de perceber isso, ficou orgulhoso.

A força de minha mãe, mulher que soube ser protagonista na família, mesmo em uma época na qual às mulheres ainda eram reservadas as funções domésticas, foi essencial para essa transformação que vivenciei no papel dos pais. Era ela quem reunia as pessoas em nossa casa, provocava as discussões necessárias e assumia responsabilidades que extrapolavam o modelo que aprendeu com os pais dela.

Foi tudo isso que me fez entender que o papel de pai — ou de mãe — é muito importante, e a responsabilidade, enorme. Foi tudo isso que me levou a desejar ser pai — e um pai melhor do que ele, pois eu também tinha obrigação de, depois da educação que ele me proporcionou, dos valores que me transmitiu e do conhecimento a que me deu acesso, evoluir na relação com meus filhos e minha família.

É como se tivéssemos em algum momento da vida nos comprometido com uma missão: o meu pai tem de ser melhor do que o pai dele e eu tenho de ser melhor do que o meu pai, pois só assim os meus filhos vão ser pais melhores do que todos nós.

OS NOVOS PAIS

A encrenca é que nada disso que estou conversando com você é tão simples assim. Até porque, quando falamos das relações humanas, não tratamos de ciências exatas. Nada se decide por meio de conceitos bem formulados ou oferece resultados prontos com a ajuda de uma equação qualquer. Essa complexidade se acentuou ainda mais com o passar dos anos, a evolução dos pensamentos e as transformações de comportamento.

O roteiro que tínhamos no passado, quando cada um de nós exercia um papel mais claro — lembra a ideia de que pai era pai, mãe era mãe e ai dos filhos que não obedecessem? —, não cabe mais nesta obra adaptada que estamos vivendo. Portanto, recorrer às soluções que o seu pai e o pai do seu pai deram às problemáticas daquela época tende a

> **Nosso passado é a referência, mas não é a solução.**

ser um desastre, mesmo que a nossa finalidade seja o bem. Nosso passado é a referência, mas não é a solução.

A começar pelo fato de que a tese do "eu mando e você obedece" não convence mais ninguém. Ainda bem. O abuso de autoridade não costuma ser saudável, principalmente entre personagens que têm — ou devem ter — uma vida afetiva, como é o caso de pai, mãe e filhos.

É preciso que defendamos nossas ideias com base na lógica do pensamento e na boa argumentação, sabendo que contra-argumentos serão apresentados e conscientes de que teremos de ser humildes o suficiente para saber e aceitar quando a razão estiver com o nosso filho.

Na evolução do aprendizado que começa com meu pai observando o dele e eu observando o meu, descubro que temos muito a aprender também com os filhos. Se meu pai mudou e aceitou algo novo para o tempo dele, fui um dos responsáveis por trazer esses desafios para dentro de casa, assim como os meus filhos fazem diariamente com suas dúvidas, questionamentos e certezas — uma quantidade enorme de certezas. Os meus e os seus filhos nos oferecem um conjunto de situações que serve para testar nossa capacidade de ser pai ou mãe, que nos leva a refletir sobre o certo e o errado, que nos faz acertar e errar. E crescer com esses acertos e erros.

Eu sei, também, que somos tentados a buscar nos exemplos que vivenciamos na juventude a saída para os dilemas que perturbam os nossos filhos. Além disso, diante da insegurança provocada pelo novo e desconhecido, geralmente disponível no mundo que eles estão experimentando, queremos que eles voltem para o nosso passado. Parece muito mais seguro para nós, não é mesmo? Até porque o passado nós controlamos — ou ao menos já fomos apresentados a ele. Daí que costumamos puxar para a conversa expressões tais como "No meu tempo...", "Foi assim que eu aprendi com o meu pai..." ou "Quando eu era criança não tinha essa história...".

Ninguém duvida de que no seu tempo, quando você era criança, as lições aprendidas com o seu pai ou a sua mãe foram fundamentais para sua formação e talvez tenham tirado você de grandes enrascadas — mas foi no seu tempo. Agora, precisamos de soluções adaptadas para os tempos do seu filho — dos meus filhos.

Porque era do seu tempo não quer dizer que era certo.

No passado os canhotos tinham a mão esquerda amarrada na cadeira para que aprendessem a escrever com a mão direita. Com a direita era o correto. Os canhotos eram vistos como pessoas com alguma deformação. Aprendiam a escrever "certo" sob tortura e sofrimento, o que deixava traumas em muitos casos. Não se fazia por mal, porque a finalidade é sempre o bem, não é mesmo? Era pelo bem, mas não era certo.

Repito: nosso passado é a referência, mas não é a solução.

O PAI E A MÃE DE FAMÍLIA

Agora, se você, assim como eu, fica confuso diante das mudanças, relaxe! Você não está sozinho, e não faltam justificativas para essa percepção. O núcleo familiar sofreu uma tremenda transformação — onde antes tinha pai e mãe, hoje há diversidade, com pessoas ocupando uma ou outra função, independentemente de gênero e orientação sexual. Famílias tradicionais convivem com famílias monoparentais, que convivem com famílias adotivas, todas capacitadas a conviver em

Como ficamos fora boa parte do tempo, lutando "corajosamente" contra todos os inimigos que vivem na selva corporativa, ao retornar de nossas batalhas, essas que apenas nós somos capazes de enfrentar, é de esperar que a mãe dê conta do recado e fique mais um pouquinho com as crianças, afinal não somos de ferro. Precisamos descansar para amanhã caçar de novo: "O jantar está pronto, amor?"

um ambiente familiar — capazes de cuidar de suas crianças, porque o que determina o desenvolvimento e a saúde mental dos filhos não é a configuração da família, mas a qualidade da relação e os instrumentos disponíveis.

Mesmo no modelo clássico — creio que ainda posso chamá-lo assim —, o papel do pai e da mãe foi modificado. Ela saiu de casa e ele... meu Deus do céu! Nós, os pais, sofremos muito com os novos padrões. Não é desculpa. É realidade! Pense comigo — e você, mãe, haverá de compreender, apesar de todas as injustiças que as mulheres sofreram e ainda enfrentam em seu cotidiano.

Fomos criados para ser o homem da família: o provedor, o protetor. Nossa função era sair de casa todos os dias em busca de comida; antes caçando, depois trabalhando. Para controlar as crias, deixávamos a mãe. Ela era quem cuidava dos filhos. Era a coisa mais natural do mundo, era o que imaginávamos. A natureza ofereceu à mulher essa dádiva. É no corpo dela que o bebê se desenvolve até o nascimento. Ela dá à luz uma criança. Por isso nós criamos a ideia de que quem entende de filhos é a mãe; obviamente, de acordo com esse pensamento, trabalho doméstico é coisa de mulher.

> Em contrapartida, o pai a autorizava a usar o nome como ameaça para conter as crises: "Se você não se comportar, eu conto para o seu pai!"

Para nós, tudo estava muito bem definidido. Como ficávamos fora boa parte do tempo, lutando "corajosamente" contra todos os inimigos que viviam na selva corporativa, ao retornarmos de nossas batalhas, essas que apenas nós éramos capazes de enfrentar, era de esperar que a mãe desse conta do recado e ficasse mais um pouquinho com as crianças, afinal não somos de ferro. Precisávamos descansar para amanhã caçar de novo: "O jantar está pronto, amor?"

Sem contar que a mãe já veio com manual de instrução — pelo menos era a impressão que tínhamos. Ela sabe o que fazer no primeiro gemido do filho, entende o choramingo e a manha. Sua voz soa como música nos ouvidos dele, que agradece a sensação de conforto com um sorriso. Quando o bebê cresce, ela sabe se ele deixou de fazer a lição de casa, se o menino está apaixonado pela coleguinha da sala de aula ou se a menina está virando mocinha. Organiza as festas de aniversário, escolhe o pediatra, leva e traz das atividades extracurriculares. Só muito tempo depois percebemos que ela também teve de aprender tudo isso.

Em contrapartida, o pai a autorizava a usar o nome como ameaça para conter as crises: "Se você não se comportar, eu conto para o seu pai!"

Por curiosidade: lá em casa, como o pai era jornalista e locutor de notícias e esporte, sempre que extrapolávamos o limite da paciência da minha mãe, ela nos ameaçava ligando o rádio: "Silêncio! O pai de vocês vai falar. Se não calarem a boca, ele vai ouvir vocês!" Crescemos com a certeza de que o rádio tinha ouvidos. Demorei para perceber que o que tinha eram ouvintes.

Vivemos por anos essa ilusão de que o pai mandava, a mãe cuidava e os filhos obedeciam. Um dia acordamos e vimos que nada mais era como antes. Deixamos de ser o chefe da família; descobrimos que éramos servidor. A responsabilidade com os filhos teve de ser dividida igualmente com a mulher. Trocar fralda, fazer papinha, sacolejar no colo até dormir, acordar no meio da noite, sair de manhã para trabalhar, deixar o expediente mais cedo porque tem de levar os meninos ao médico, participar da reunião na escola: tudo isso tomou espaço na nossa agenda de pai — e ainda por cima perdemos o direito de encerrar a discussão com um definitivo "Quem manda aqui sou eu!" No tempo do meu pai não era assim.

O homem da família transformou-se em homem de família. Fomos obrigados a rever nosso papel e nossas responsabilidades. Constatamos que a mulher tinha direitos como nós, e o desejo dela de trabalhar e construir uma vida fora de casa era legítimo.

Mas quem vai ficar com as crianças?

Nós. Eu, minha mulher ou quem estiver mais preparado e disponível na família naquele momento de vida. Haverá estágios em que ela precisará estar mais dedicada ao trabalho, em outros será a minha vez. Teremos momentos profissionais em que valerá mais a pena eu me recolher, assumir de vez os afazeres domésticos, e ela seguirá com seu projeto, pois será a chance de ela crescer, ou então a remuneração será melhor.

Pode ser que nenhum dos dois consiga se dedicar exclusivamente às crianças, mas, por mais que elas fiquem com alguém da família, com uma pessoa contratada ou na escola, seguirão sendo os nossos filhos — e devem ser educadas por nós dois. Às vezes por nós três ou nós quatro, tendo em vista que a formação da família também escapou do nosso controle.

Temos filhos com pai e padrasto, mãe e madrasta. Temos filhos de duas mães ou de dois pais. Filhos só com mãe e sem pai. Só com pai e sem mãe. Independentemente da forma que a família assumiu, deixar tudo na mão do outro está fora de cogitação. Seja lá quem for o outro.

UMA BOA NOTÍCIA

O curioso disso de dividir as funções em casa é a confusão que você provoca na cabeça da turma das antigas. Houve uma época em que eu trabalhava apenas pela manhã, enquanto minha mulher tinha de ficar fora a maior parte do tempo atendendo às exigências da sua profissão. Depois da escola as crianças passavam o tempo todo em casa, e quem passeava com elas, brincava no pátio e levava para as atividades extras era o pai.

Um vizinho, pouco acostumado com essa divisão de tarefas, em conversa de portão com minha mulher, fez questão de se solidarizar com o marido dela, que estava desempregado —

era o que ele imaginava. Afinal, o rapaz ficava em casa com as crianças. Que homem faz isso se não estiver desempregado? Que coisa triste o pensamento que passava na cabeça dele! Que baita prazer era o que eu sentia diante da possibilidade de ficar ao lado dos meus filhos naquela etapa da vida.

Por mais estranho que ainda pareça a muitos — presos que estão em estereótipos que representam a família tradicional —, por mais turbulência que nossas relações familiares enfrentem devido aos novos desafios, por mais difícil que seja traduzir em tempo real as transformações que ocorrem, tenho uma ótima notícia para você: ser pai é muito mais legal hoje em dia. Ganhamos o direito de compartilhar com a mãe as atividades em casa, o que significa que participamos ativamente do cotidiano das crianças e experimentamos com a família suas diversas etapas de crescimento. Ganhamos importância; deixamos de ser apenas o cara que paga as contas lá em casa.

Muito mais do que isso: nos desvencilhamos da armadura que tínhamos de vestir para parecermos mais fortes do que realmente éramos. Desconfortável na maioria das vezes e para a maioria de nós. Passamos a nos aceitar e passaram a nos aceitar apenas como mais uma pessoa, um ser humano com idiossincrasias, complexidades e dúvidas. Da mesma forma que nossas fraquezas ficaram mais evidentes — é lógico que ficaram! Imagine que agora nossos filhos nos questionam com muita franqueza —, tê-las e admiti-las não é mais motivo de vergonha para ninguém.

Você lembra de ter visto seu pai chorando algum dia? E da vergonha que ele sentiu por chorar na sua frente? Eu e todos os pais podemos chorar e admitir que o fazemos porque estamos emocionados com uma vitória ou tristes por uma derrota. Temos sentimentos, e dividi-los com a família não é pecado.

Evidentemente que a responsabilidade de ter filhos segue enorme, e, mesmo diante das dificuldades profissionais ou pessoais, precisamos buscar com equilíbrio a saída para os problemas que surgem. Cabe ao pai e à mãe essa tarefa, mas dividir essa preocupação com sua mulher e seus filhos, ter a possibilidade de discutir com eles de forma aberta e controlada as questões que se impõem no cotidiano é um grande alívio, especialmente para nós, que nunca nos sentimos muito à vontade travestidos de super-heróis.

Ao deixarmos de ser o homem da família para nos transformarmos em homem de família, assumimos um novo protagonismo, que pode ser exercido de maneira mais confortável, justa e humana. A mulher, a parceira, a mãe de seus filhos, agradece, pois neste momento as pretensões dela começam a ser aceitas com naturalidade também.

Nos tempos da minha avó, sair de casa para trabalhar era inimaginável, até desrespeitoso. Minha mãe ainda conseguiu usar suas habilidades para trabalhos artesanais, que nos ofereciam um mínimo de renda. Era tolerável, pois ela não precisava abrir mão de cuidar da casa e dos filhos, tarefas que não são mais — ou não devem mais ser — coisa de mulher. São coisa de família, constituída da maneira que você bem entender. Da maneira que melhor lhe convier.

Você não vai para casa dar uma força para seu companheiro ou companheira, ajudar a cuidar das crianças porque o outro tem um compromisso fora; você não vai preparar o almoço só porque hoje é domingo. Hoje vocês fazem parte da mesma força-tarefa, dividem atividades caseiras, trocam de função quando é necessário, priorizam o trabalho ou os afazeres domésticos conforme o momento de vida de cada um.

É bem mais confuso, sem dúvida, pois é diferente do roteiro que imperou por muitos anos, quando a função do pai e da mãe parecia ser mais bem definida. Hoje, se os meninos saem mais cedo da escola, quem vai buscá-los? Se surge uma emergência de saúde com as meninas, quem leva ao médico? E no futebol de sábado, quem os acompanha? Aí é coisa de homem, né? Não, é coisa dos nossos filhos, e por isso mesmo a responsabilidade é nossa. Aliás, como definir as funções do pai ou da mãe no relacionamento homoafetivo? Temos muito o que aprender.

Nós preservamos o desejo de oferecer o bem-estar a nossos filhos, assim como nossos pais e os pais deles, mas somos convidados a percorrer caminhos diferentes para alcançar esse objetivo. Temos agora uma responsabilidade compartilhada — e eu posso lhe garantir: desse jeito é muito melhor ser pai. É muito melhor ser mãe.

É proibido calar! Então fale aos seus filhos.

Na família

1. Respeite a opinião dos seus pais.
2. Argumente sem bater boca.
3. Se não gostou, explique.
4. Se tiver dúvida, pergunte.
5. Se sujou, limpe.
6. Se abriu, feche.
7. Se tirou, guarde.
8. Se vai fazer, o que os seus pais pensariam?

4
SER FILHO, SER FILHA

Se você acha que ser pai é difícil, imagine ser filho ou filha. Você, pai ou mãe, tem a referência do passado e a experiência forjada pelo tempo, que permitem a construção de uma inteligência que pode ajudá-lo nas adaptações que as relações humanas modernas demandam.

E os filhos?

O cara nasceu agora pouco, se bobear ainda neste século. Foi bombardeado de informações — recebe por dia cinco vezes mais mensagens de todo tipo e por todos os meios do que o pai dele há trinta anos, cálculo esse feito pelo Dr. Martin Hilbert e sua equipe na Universidade do Sul da Califórnia. Tem seus estímulos provocados intensamente, de uma maneira nunca vista antes na história da humanidade — a ponto de ter sua puberdade acelerada, provocando uma série de transformações hormonais e comportamentais.

O que parece ser uma baita vantagem em relação ao que tínhamos na época em que fomos adolescentes pode ser também uma enorme armadilha.

Não pense que é tudo mais fácil só porque a menina ou o menino parece ser muito esperto diante das novas tecnologias, tem facilidade para manipular todas as traquitanas que surgem no mercado, dá aulas sempre que você precisa

> Precisamos compreender que, mesmo que seus filhos sejam nativos digitais, é na vida real que as coisas acontecem.

acessar um arquivo perdido no computador. Precisamos compreender que, mesmo que seus filhos sejam nativos digitais, é na vida real que as coisas acontecem.

Aliás, muito cuidado ao definir o que é real a esta altura do campeonato. Não considere real apenas o tête-à-tête com os pais, amigos, professores e colegas, que continua a existir — apesar de ninguém mais usar a expressão "tête-à-tête". Ou os compromissos na escola e no trabalho.

Não se limite a pensar no físico do garoto ou da garota que ganha formas, no cérebro que se desenvolve e nos pensamentos que impactam suas emoções, para o bem e para o mal. Tudo é muito real, mas não é só isso. O olhar constante na tela do celular, as relações que nasceram pela internet e a busca por informações em um mundo às vezes desconhecido mas acessível no computador há muito tempo deixaram de ser apenas vida digital. Aqui e agora, é tudo real.

Cada vez temos menos condições de separar o real do virtual, pois as fronteiras desaparecem à medida que os anos avançam e a tecnologia se desenvolve.

Imagine, por exemplo, que as impressoras 3D já têm capacidade de reproduzir alimentos. O prato que é "fabricado" em minutos, em tempo inferior àquele que levaríamos para prepará-lo na cozinha, vai matar a sua fome e a do seu filho ou filha tanto quanto qualquer outra comida que esteja à espera de ser descongelada no micro-ondas. O alimento é reproduzido de forma digital, e por isso poderíamos dizer que é fruto do mundo virtual, mas, depois de pronto e levado à mesa, enche a barriga na vida real.

Quando levo meus filhos para passear com os amigos, já não me surpreendo com a maneira como o bate-papo deles flui de um meio ao outro sem interrupção. No início ainda pedia que se despedissem dos colegas, afinal se veriam novamente sei lá quando. Depois de tanta insistência minha, eles me ensinaram que a conversa divertida na mesa do restaurante — entremeada por trocas de mensagens digitais — segue no banco de trás do carro e migra para os celulares assim que deixo os garotos nas suas casas. Quando chegamos à nossa, eles se sentam na frente do computador, onde o diálogo continua na tela do jogo eletrônico que é compartilhado por todos que estavam na mesa do restaurante.

> **Mesmo que a fonte seja virtual, nada mais real do que o sentimento que toca o coração desses jovens.**

É muito real, e é nessa realidade que a vida deles acontece.

É nela que eles tomam suas decisões, assumem posturas, vivenciam seus amores e desamores. É nela que as coisas se realizam. Mesmo que a fonte seja virtual, nada mais real do que o sentimento que toca o coração desses jovens.

Olhando do alto da nossa experiência, a vida dessa garotada parece muito simples. Muito mais acessível. E em condições bem mais avançadas em comparação com as que tínhamos em nossa própria infância e adolescência. Reclamam de barriga cheia, é o que eu ouço frequentemente alguns pais comentarem nas conversas de porta de escola.

O falatório prossegue: quem tem problemas sou eu, que me mato de trabalhar para sustentar essa turma. Tenho de aguentar ordens do chefe, que nunca sabe para onde o vento sopra. Tem os clientes, que acreditam que sempre têm razão — e eu sei que não têm, mas se um deles for embora eu corro o risco de levarem meu emprego. Tem ainda o fornecedor que a cada negociação arrocha mais os preços e reduz minha margem de lucro. Sem contar as metas sem noção que a diretoria impõe, cada vez mais rígidas e impossíveis de serem alcançadas.

Depois de tudo isso, quando chego em casa ainda sou obrigado a ver cara amarrada? Valha-me, Deus! Tenha paciência, amigo!

Sabemos bem quais são os desafios de quem já está na vida adulta. Ninguém está dizendo que é fácil. Aliás, fica aqui minha torcida para que as coisas se tornem mais simples para você: que a empresa compreenda as dificuldades de alcançar os objetivos traçados e que fornecedores e consumidores percebam que podem conversar em condições mais amigáveis. Torça por mim também.

O que eu quero mostrar é que cada um tem seus problemas e os adolescentes precisam lidar com os deles, de preferência com a sua colaboração. Esse é um compromisso que você assume no momento em que decide ser pai ou mãe — um compromisso ético.

AGENDA CHEIA

Quem vive próximo desses jovens e estuda suas reações nos alerta para o coquetel de fatores que influenciam seu desenvolvimento. Há uma troca de hormônios, alguns sendo produzidos em maior quantidade em substituição a outros. Há mudanças neurológicas com novas conexões e desconexões no cérebro. O corpo até emite alguns desses sinais, revelando uma silhueta diferente, mas boa parte das alterações acontece lá dentro e de maneira invisível para nós e para o nosso filho — e quando as coisas são exteriorizadas nós achamos que ele está apenas mais chato e inconstante.

Ele está caminhando em uma fronteira perigosa. De um lado ainda tem a dependência dos pais, e do outro a necessidade de pertencer a uma nova geração, com opiniões próprias — que, para serem próprias, têm de ser diferentes das dos pais. Como precisa se tornar outra pessoa, ele é levado a ousar, muitas vezes ousa contra os que estão mais próximos e representam o seu estágio anterior: os pais. Daí vêm a rebeldia e a agressividade.

Para nós é difícil enxergar essa transformação. Adoraríamos que eles continuassem a nos dar a mão para fazer essa travessia com a segurança que entendemos ser a ideal — para a nossa segurança, sejamos honestos. Tê-los em casa e conformados, seguindo nossas ordens, sem contestação, pensando da mesma maneira que nós pensamos, são desejos que nos corroem na intimidade — isso quando não os expressamos em discussões familiares. Seria muito mais cômodo, pois não precisaríamos encarar o desafio de ver nossos filhos amadurecerem. Mas não seria natural.

É um componente psicossocial explodindo na cara deles — e não apenas na forma de espinhas.

Coisa de adolescente! — gritamos, em tom de queixa.

Realmente, coisa de adolescente.

Até então era tudo infância e suas etapas: existir, explorar, descobrir-se, pensar, ser e desenvolver habilidades. Crescimento que ocorre sob o domínio e a proteção dos pais, porque acontece dentro da própria família. Na adolescência, esses passos se repetem. O drama é que são passos dados do lado de fora de casa, em cenário boa parte das vezes desconhecido e selvagem, diante de pessoas que não faziam parte da convivência deles. São os vizinhos de rua, as meninas do time, os meninos que chamam a atenção, os colegas da sala de aula ou os novos amigos que vivenciam esse

> Cuidado! Você pode se surpreender quando tirar um tempo para observar o cotidiano dos seus filhos — e talvez seja tarde demais.

mesmo estágio da vida. E eles podem ser cruéis na busca de sua própria afirmação.

Você já pensou na quantidade de tarefas que seu filho tem de cumprir no dia a dia? "Ele tem é que estudar. Esse sim é o seu compromisso", haverá de responder um pai cansado dessa chateação.

Resposta errada!

Se, na agenda do seu filho ou de sua filha, você acredita haver espaço apenas para estudar, provavelmente você não presta atenção no que acontece na vida dele. Cuidado! Você pode se surpreender quando tirar um tempo para observar o cotidiano dos seus filhos — e talvez seja tarde demais.

Estudar é muito importante, sem dúvida. Mas na agenda de um adolescente é preciso haver espaço para resolver uma quantidade enorme de dúvidas que surgem. São decisões que precisam ser tomadas, e, como já falamos antes, em altíssima velocidade. A roupa que usa, a música que ouve, os livros que lê, o seriado a que assiste, a marca de que gosta: são escolhas que ajudarão a definir a imagem dele para ele mesmo e para os outros.

Quando não gosta do que os outros gostam, surge a dúvida: quem sou eu? Se não fizer parte desse grupo, terá que procurar outro, e talvez nesse outro haja caminhos abertos para destinos que não esteja preparado para enfrentar agora.

É nessa etapa da vida que surgem novidades como álcool, cigarro e outras drogas, sem que seu cérebro esteja pronto para consumi-los e sua personalidade esteja preparada para negá-los. Caminhar na contramão exige uma coragem que nem sempre temos nessa idade.

Há ainda a relação com a comida, muito mal resolvida na infância, pois, além de nós, pais, pecarmos na educação alimentar, costumamos usá-la para chantageá-los: "Se você ficar quietinho na mesa tem sobremesa"; "Se comporta que eu compro um sorvete", "Se não comer tudo não sai da mesa." Quando chega a adolescência, a escolha do seu filho pode levá-lo a extremos, da obesidade à bulimia. Um drama que está associado a questionamentos sobre a beleza e a capacidade de atração, muito ligado a outra tarefa que ocupa a agenda dos adolescentes: a sexualidade.

Se você entendia como rebeldes os jovens dos anos 1970, é porque não viu ainda a revolução biológica que a nova geração está encarando. É tão intensa que até mesmo médicos e psicólogos ainda esperam para ver o que vai acontecer. Segundo o professor doutor Esdras Guerreiro Vasconcellos, do Instituto de Psicologia da Universidade de São Paulo, estatísticas mundiais identificam dosagens de testosterona e estrogênio diferentes do passado e com sinais invertidos — queda acentuada na produção de testosterona nos homens e aumento nas mulheres.

Os fatores que promovem essa mudança ainda não são conhecidos com clareza, mas sabe-se que ela acontece, e a composição bioquímica está se alterando de forma substancial. Com isso, outros hormônios são influenciados: serotonina, que tem a ver com o humor; dopamina, responsável pela sensação de prazer; endorfinas, que participam dos processos de excitação; e ocitocina, ligada aos sentimentos de prazer, carinho e amor.

Pense o que significa tudo isso se movendo lá dentro do seu corpo, mexendo com seus sentimentos e impactando seu comportamento. Transfira agora para um jovem e sua imaturidade.

Por que eu me sinto bem ao lado daquele menino e não daquela menina? Que desejo é esse que eu tenho pelo meu colega? O que dizer quando me perguntam se sou virgem? Virgindade é mérito ou condenação? Com ou sem camisinha?

Sem contar as dúvidas de gênero que ocorrem pelas definições preestabelecidas dentro de casa quando a boneca é entregue à garota e a bola de futebol vai parar nas mãos do garoto — ou quando o pai convida o menino para lavar o carro e a mãe chama a menina para lavar louça.

Essas atitudes sinalizam o caminho que, se imagina, eles devem seguir. Afinal foi assim que a gente aprendeu. Eles, no entanto, têm à disposição um mapa muito mais completo de opções e desejos — e podem caminhar pelas mais diversas trilhas, experimentando novas circunstâncias e tipos de amores, fazendo o retorno quando se sentirem perdidos e recomeçar a caminhada do ponto de origem.

Sou homem ou mulher?

O que é ser mulher ou homem?

Dá um Google!

Lá vão eles de volta à internet buscar soluções para a vida real, pois por aqui nem sempre há alguém disponível e preparado para conversar sobre esses assuntos.

Por que não consultar o pai ou a mãe?

Primeiro, porque eles estão vivendo um momento de afirmação nessa passagem da infância para a adolescência, e questionar o papel e o interesse dos pais faz parte do jogo. Está lá na agenda, no campo destinado aos efeitos psicossociais, lembra?

Eles têm de provar para si mesmos que já são bem grandinhos e dão conta dos seus problemas, mesmo que não o sejam. Buscam ajuda nos amigos e colegas de escola, tão imaturos quanto eles e talvez formados com base em valores e costumes diferentes daqueles que gostaríamos que os guiassem.

Tentam achar as respostas em personalidades criadas por uma idolatria fugaz, que pode se refletir na roupa, no cabelo, na música, no vocabulário ou na forma de agir diante da sociedade — ou, ainda, consultam a internet, o que nos remete à necessidade de ensinarmos a navegar de forma segura e precisa, consultando fontes confiáveis.

A propósito, quando você insiste com seus filhos — e os professores também o fazem — que a resposta certa talvez não esteja na primeira página do site de busca e que ao navegar na rede é importante verificar a origem da informação, qual a instituição que a sustenta e a veracidade dos fatos publicados, cumpre um papel pedagógico. Lembre-se, no entanto, de que seu ensinamento entrará por um ouvido e sairá pelo outro se você continuar compartilhando com eles e todos que fazem parte do seu grupo de WhatsApp aquelas correntes sem pé nem cabeça, ou seguir publicando notícias sem procedência na sua página do Facebook.

Suas palavras têm de estar de acordo com seus atos. A ética se constrói pelo exemplo, não pelo discurso — e falaremos mais sobre essa relação.

Agora, independentemente da mensagem que você transmitir aos seus filhos e do nível de confiança que existe entre vocês, o certo é que eles vão pesquisar na internet, porque lá sempre existe uma resposta disponível e de fácil acesso.

PAPO DE PAIS

Acessibilidade, aliás, é uma palavra que nos leva ao segundo motivo pelo qual os filhos evitam recorrer aos pais diante de dúvidas cruciais. Sem percebermos, muitas vezes não estamos tão próximos, tão disponíveis, dos nossos filhos quanto imaginamos — e nos esquecemos de deixar abertos canais de diálogo, pelos quais é possível tirar dúvidas e compartilhar dores.

O pai de um amigo dos meus filhos bem que tentou. Assim que viu o jovem chegar em casa, convidou-o a sentar na poltrona e disparou: "E as meninas, filho?" A pergunta tinha a boa intenção — nós pais sempre temos boas intenções, não é mesmo? — de iniciar uma conversa amigável sobre os relacionamentos dele, as amizades que surgem, as namoradas — desculpe se uso a palavra no plural — e seus sentimentos.

Curiosidade de pai!

O garoto mal sabia como começar a resposta. Jamais havia sido perguntado sobre o tema ou falado do assunto em casa. Tinha dúvidas sobre o que o pai pretendia saber ou se ele já estava sabendo de alguma coisa. No pouco tempo que durou a cena, pensou qual seria a melhor saída. Devia dizer que não estava interessado em meninas naquele momento e levar o pai a imaginar coisas ou contar que estava saindo com alguém e ser levado a detalhar os encontros?

Deu um sorriso, pediu para ir ao banheiro e saiu pela tangente. Constrangimento de filho!

Eu sei que, na maior parte das vezes, por mais que queiramos saber o que está acontecendo e nos coloquemos à disposição para ajudar, nossos filhos não dizem nada além de um "deixa comigo, pai" ou "tô de boa, mãe". Isso não significa que eles não querem contar; é apenas a reação natural de quem ainda não tem certeza se deve contar. Portanto, abordá-los em diferentes momentos, conversar sobre outros assuntos, compartilhar alguns dos seus sentimentos são estratégias que criam vínculo e confiança. Conte você as suas histórias, se eles não estão prontos para contar as deles ainda.

É provável que lá no escritório onde você trabalha existam jovens um pouco mais velhos do que o seu filho ou filha, e tenho certeza de que você já ouviu consultores, especialistas em contratação e retenção de talentos recomendarem que a empresa ofereça feedbacks constantes. É uma forma de mostrar a esses jovens que eles têm valor para o seu time de trabalho e de entender as barreiras que estão atravancando o desenvolvimento profissional deles.

Sem esse costume, há poucos anos, fui surpreendido na minha empresa por uma jovem que ao fim de cada semana me procurava para saber como estava o seu desempenho profissional. Muitas vezes eu ficava ali, com cara de "não sei o que você quer saber". Havia dias nos quais não tinha muito a falar, porque não havia prestado atenção no trabalho que ela estava realizando. É como se ela me perguntasse: "E as meninas, Mílton?" E eu querendo me esconder no banheiro.

Procurei um gestor de recursos humanos e ele me contou que a busca pelo feedback é uma das marcas das novas gerações. É uma maneira de aprender e ter sua performance validada. Eu precisava estar atento à evolução e às dificuldades daquela jovem. Mesmo que ouvisse críticas, a avaliação seria positiva para o desenvolvimento dela.

Depois dessa experiência, parei para pensar se estava agindo dessa maneira com os meus filhos. Passei a observar mais se eles recebiam meu feedback com a frequência que gostariam.

Precisamos avaliar com sinceridade se estamos criando um ambiente de confiança para os filhos, pois às vezes somos condescendentes com jovens estranhos à família e esquecemos dos talentos que vivem em nosso entorno e merecem toda a atenção possível. Não pense que eles virão atrás de você para saber o que pensa da mesma forma determinada de seus jovens colegas de trabalho. Caberá a você a tarefa de abrir esse espaço na concorrida agenda de compromissos e responsabilidades que eles mantêm.

CARREIRA DE VIDA

Definitivamente — e foi o que tentei provar até aqui —, seu filho ou sua filha não tem apenas de estudar. Nossos filhos têm de crescer e virar adultos, um desafio gigantesco que muitos são corajosos o suficiente para enfrentar. Outros até tentaram, mas recuaram. Há quem prefira adiar esse embate e permanecer o máximo possível na casa dos pais — realizam cursos que sirvam de justificativa para não precisar procurar emprego, deixam para depois a conquista da independência financeira, tanto quanto namoros e casamentos, e, assim, estendem a adolescência para além do que a ciência costumava identificar como tal.

Provocada pelos estímulos a que os jovens são submetidos, pelos avanços da saúde e pela alimentação, há algum tempo a puberdade já havia sido antecipada dos 14 para os 10 anos — ou seja, hormônios sexuais chegando mais cedo e em corpos e mentes ainda despreparados. Atualmente, devido ao comportamento de postergar as responsabilidades que os conduziriam à condição de adultos, esses mesmos jovens esticaram a adolescência dos 19 para os 24 anos — é o que leio no estudo liderado pela Dra. Susan Sawyer, do Centro para a Saúde do Adolescente do Royal Children's Hospital, em Melbourne, na

> **Atualmente, devido ao comportamento de postergar as responsabilidades que os conduziriam à condição de adultos, esses mesmos jovens esticaram a adolescência dos 19 para os 24 anos.**

Austrália. Isso dá um baita trabalho para eles — e para nós, também.

A extensão da adolescência dá nova dimensão a outro problema com o qual os jovens precisam lidar em seu cotidiano: a pressão dos pais pela busca de uma carreira. A começar pelo hábito pernicioso que temos de querer responder por nossa conta e risco que profissão seguirão — tema sobre o qual vamos conversar mais no capítulo "Ser cidadão", quando proponho uma mudança de olhar.

Por enquanto, quero me referir a essa pressão que surge de todos os lados, porque na sala de aula o professor também quer saber; no almoço de domingo é a avó quem pergunta; e, se vamos visitar amigos da família: "E aí, vai prestar vestibular para qual curso?"

O camarada nem sabe que roupa vai vestir para agradar os colegas na balada do fim de semana — e nós exigindo que ele diga qual profissão vai seguir pelas próximas décadas. São mais de dois milhares de ocupações profissionais à disposição, divididas em quase duas centenas de áreas, muitas das quais recém-surgidas, outras tantas à beira da extinção.

Já era difícil, apesar de obrigatório, fazer essa escolha no meu tempo, quando os caminhos eram mais bem definidos: advogado, engenheiro, médico, professor, jornalista, gerente do Banco do Brasil — quantas vezes minha mãe trouxe para casa as apostilas do concurso na esperança de que eu seguisse carreira pública. Imagine a situação dos nossos filhos agora, quando estudos preveem que quase metade dos empregos atuais vai desaparecer em duas décadas — calculam os pesquisadores Carl Frey e Michael Osborne, da Universidade de Oxford, que 47% dos postos de emprego, nos Estados Unidos, estão em risco devido à automatização. Os jovens correm o risco de começar uma faculdade e, em seguida, perceberem que aquilo que estão aprendendo não será útil para a vida.

Na conversa que tenho com colegas dos meus filhos, fico com a impressão de que muitos escolheram um curso porque era isso que os pais esperavam deles, ansiosos que estavam por decidir agora o futuro de suas crias. É natural que tenhamos essa preocupação. No momento em que vemos nossos filhos se encaminhando para uma profissão, é como se tivéssemos cumprido nosso papel de pai, passado o bastão e entregue o restante da responsabilidade da corrida da vida nas mãos deles. Em seguida descobriremos que a coisa não é bem assim, mas por ora ficamos com a consciência tranquila.

O que percebo, porém, é que nem sempre esses jovens sabem bem o que pretendem fazer e se o que fazem agora é o que querem para amanhã, mas estão fazendo porque assim eliminam um dos problemas do seu cotidiano — responder às perguntas insistentes sobre qual será o seu futuro.

Coloque-se no lugar desses jovens e imagine todos os dias alguém perguntando o que você vai fazer quando se aposentar. Querendo saber como você vai se sustentar quando abandonar o crachá. De que maneira pretende sobreviver por mais vinte ou trinta anos sem o mesmo salário, benefícios, bônus e tapinhas nas costas que recebe agora — daria uma tremenda agonia e insegurança, certo?

Um dos meus filhos — aquele mesmo que bateu um papo comigo à porta da geladeira — já estava cansado de ser importunado por professores toda vez que levantava a hipótese de seguir uma carreira que fugisse do padrão. Filosofia, física, culinária — qualquer outra coisa que não sejam estas que já estão aí: a cada momento lhe surgia uma nova ideia. E ele precisava justificar sua pretensa carreira profissional. Um dia ele respondeu: jornalismo, a profissão do meu pai. E todos passaram a achar normal essa escolha. Assim, pararam de lhe fazer perguntas.

O mais novo também não escapou dessa saga. Assistia a palestras na escola, participava de reuniões com profissionais de diversas áreas, era levado a visitar faculdades e na sala de aula debatia com os professores qual seria seu destino. Saciou o desejo de todos quando disse que faria psicologia, mesmo sabendo que talvez nem tivesse tempo de frequentar as aulas na faculdade. Ao menos por ora não pretende frequentar, mesmo tendo passado no vestibular. Prefere trabalhar na análise de desempenho de performance e estratégia de jogadores de esporte eletrônico, função que já exerce há dois anos. Tem faculdade para isso? Claro que não, mas a atividade exige muito estudo e preparação.

Atualmente, vários jovens entram na universidade e lá na frente veem o que acontece, ou porque falta maturidade para decidir seu futuro agora ou porque têm mesmo que se testar em diferentes cenários, já que a vida tende a ser longa. Talvez peçam transferência para outra faculdade, incluam mais um curso na agenda, se inscrevam em uma escola técnica ou decidam tocar um negócio por contra própria, com a cara, a coragem e o conhecimento que foram capazes de coletar ao longo da sua eclética trajetória universitária — ou talvez façam tudo isso de uma só vez.

A pressão para que decidam agora o seu futuro perdeu o sentido, porque esse futuro tende a ser desviado a cada mudança de rumo. Precisamos aprender com essa nova realidade e mudar nosso comportamento em relação aos filhos.

Ok, não é fácil assumir as responsabilidades de adulto, com os questionamentos sobre o papel que exercemos na família, o medo de o prazo de validade de nossa vida profissional estar se encerrando muito antes do que imaginávamos e nós precisando viver por muito mais tempo do que planejávamos.

> A pressão para que decidam agora o seu futuro perdeu o sentido, porque esse futuro tende a ser desviado a cada mudança de rumo. Precisamos aprender com essa nova realidade e mudar nosso comportamento em relação aos filhos.

Mas precisamos admitir que a vida para os nossos filhos também é difícil, e, se não estivermos nessa caminhada ao lado deles, as coisas podem ficar ainda mais complexas.

Conscientize-se: não estamos aqui para preparar os nossos filhos para uma carreira profissional — essa escolha é deles. Temos, sim, a obrigação de guiá-los para uma carreira de vida, marcada pela ética e pela cidadania.

É proibido calar! Então fale aos seus filhos.

No convívio social
1. "Bom-dia", "por favor" e "obrigado".
2. Esteja sempre pronto para ajudar.
3. Ouça com atenção.
4. Aceite a crítica sem revolta.
5. Não assuma responsabilidades que você não pode cumprir.
6. Perdoe a falha do outro.
7. Respeite e incentive a diversidade.
8. Nem tudo vale a pena.

5
SERMOS NÓS

Difícil saber ao certo quando comecei a frequentar o local de trabalho de meu pai. Éramos muito crianças na época em que ele levava meus irmãos e eu para passear de carro, aos sábados, no centro de Porto Alegre, onde ficava a redação de rádio na qual ele trabalhou por quase sessenta anos. Era a maneira de ele dar uma folga para a mãe, que ficava conosco a maior parte da semana — enquanto nós adorávamos a oportunidade de estar com ele em um pedacinho de sua vida profissional.

Nem sempre o exercício de sua função permitia que estivéssemos juntos, pois o pai viajava para transmitir partidas de futebol. Ele também fazia a locução de uma síntese noticiosa e nós o assistíamos, ao vivo, aos sábados, nas visitas à rádio.

Quando somos pequenos, a figura do pai é uma espécie de Super-Homem, capaz de resolver todos os problemas e de nos proporcionar as mais incríveis aventuras, por exemplo, nos levando a lugares distantes a bordo de um carro ou passeando conosco nas tardes de dezembro, enquanto o Papai Noel não chega com os presentes — hábito que mantivemos por alguns bons anos. Ele também parece ter força suficiente para nos proteger e, ao lado da mãe, a Mulher-Maravilha, nos ajuda a enfrentar as mais cruéis enrascadas — como curar a ferida no nosso joelho depois de um tombo na calçada ou nos secar com um abraço gostoso após o banho no frio do inverno.

Na minha família, o nosso herói tinha um poder especial: a voz. Era com ela que o meu pai levava aos mais distantes rincões as emoções do futebol e as notícias que marcariam o mundo — ou a aldeia mais próxima. Era admirado por ouvintes e colegas de trabalho. Reconhecido em muitos locais que visitávamos. Sua voz era tão poderosa que conseguia nos colocar no eixo lá em casa na hora em que começava a falar no rádio — já tratei disso com você em outro capítulo.

É uma pena que, à medida que crescemos, nossos heróis percam seus poderes. Descobrimos que o casal que admirávamos também é o responsável por nos dar bronca quando cometemos algum erro e se torna intransigente em relação ao cumprimento de algumas tarefas, como as escolares.

É como se pai e mãe sofressem uma transmutação.

Aquela habilidade que tinham de nos proporcionar momentos de diversão e proteção é substituída por um viés de censura. Nada a gente pode mais: sair à noite não pode; dormir na casa dos amigos não pode; viajar com a família dos outros não pode; beber, fumar e transar, nem pensar! Quando éramos crianças também não podia, mas a gente não pedia e, por isso, os pais eram poupados de dizer não.

Comigo não foi diferente. A relação com eles se transformou.

No início eu vibrava todas as vezes que tinha permissão de meu pai para sentar no banco da frente do carro, juntar ao máximo meu corpo ao dele e segurar o volante. Primeiro eu conduzia o carro em linha reta. Depois, o êxtase: ganhei habilidade para fazer curvas. Por favor, antes de condená-lo pela irresponsabilidade, lembre-se de que estávamos nos anos 1970, quando a noção de segurança era muito diferente daquela que temos hoje em dia. O importante é que eu sobrevivi.

Eu ficava esperando o fim de semana para ter aqueles momentos ao lado dele. Era incrível! Até que um dia passei a dar preferência aos passeios com os amigos; e as festas que frequentávamos, mesmo tendo de pegar ônibus, eram bem mais interessantes. Claro que essa separação sempre deixa feridas de um lado e de outro — como toda ferida, ficam cicatrizes, e elas estão aí para nos ensinar alguma coisa. A felicidade que eu tinha com meu pai foi transferida para amigos e namoradas, alguns que nem sequer mereceriam minha confiança meses depois. Porém, em vez de enxergar essa transferência como ingratidão, é fundamental que se entenda como é o ciclo natural da nossa vida em família.

A passagem da infância para a adolescência costuma ser marcada pela negação aos pais, pois é quando estamos em busca de uma personalidade própria, uma afirmação diante de todos os demais que vivem em nosso entorno, da família e fora dela. Essa busca pode ocorrer de diferentes formas, algumas mais fáceis de serem administradas, outras nem tanto.

Depois viramos pais ou mães e parecemos esquecer o que enfrentamos como adolescentes, pois fazemos uma baita força para tornar mais complicada essa relação com os jovens. Começa por nos convencermos de que temos os superpoderes que as crianças imaginam que temos — assim, acreditamos que somos a solução para todos os males delas. Mesmo quando o olhar dos nossos filhos passa a ser de desconfiança, seguimos crentes na ideia de que tudo o que acontece com eles é de nossa inteira responsabilidade. Se eles mudam o humor, foi por minha causa. Se chegam de cara feia, é para me atacar. Se reclamam, é porque não gostam de mim. Se cometem um erro, é para me desafiar.

O que eu fiz de errado para eles me odiarem? — pensa o pai, exercitando seu narcisismo, certo de que a vida dos filhos gira em torno do seu eixo.

À medida que somos incapazes de perceber que as transformações dos jovens são psicossociais e biológicas, como já falamos aqui, concluímos que o problema deles somos nós — o pai ou a mãe, ou os dois. "Ele foi injusto, amor!" — nos consolamos mutuamente. A reação é imediata: deixamos de apoiá-los e revelamos nossa decepção com o comportamento alheio. No extremo, nos tornamos intransigentes e adversários dos nossos próprios filhos.

É preciso impedir que se caia nessas artimanhas para que as relações entre pais e filhos sejam fortalecidas a ponto de essas fases difíceis para ambos os lados serem superadas. O importante é, sabendo da existência desse ciclo, conhecendo esse roteiro, compreender que podemos exercer nosso papel com muito mais eficiência, independentemente do personagem que estejamos representando. Sejamos o pai, a mãe ou o filho.

CONSTRUINDO O DIÁLOGO

Primeiro é preciso evitar o lugar-comum dos relacionamentos. Pouca coisa me incomoda mais do que, durante a conversa com outros pais, ouvir frases prontas, sem argumento e pouco esclarecedoras do tipo "adolescente é tudo igual".

Eles não são iguais.

Cada um tem uma forma de se desenvolver e uma personalidade a construir. Existem padrões que os aproximam, mas tratá-los como iguais é desrespeitar a individualidade do seu filho. É, no mínimo, não dar a ele o direito à presunção da inocência.

Ao generalizar o comportamento, cai-se na tentação de aplicar o mesmo método para todos. Por exemplo, acreditar que o melhor seja proibir que meu filho saia com os amigos para o bar à noite, pois adolescentes, quando estão reunidos, não têm controle. É impedir que ele fique até mais tarde na casa de uma amiga porque essa coisa de menino e menina juntos só pode acabar em sem-vergonhice. É mandar que vá para o quarto, feche a porta e estude porque na frente do computador é que você não aprenderá nada que preste!

Ordens baseadas no lugar-comum tendem a provocar ainda mais atrito e não convencem o outro. A ordem pode até ser cumprida por força de lei, mas a tensão no relacionamento chegará a situações insustentáveis. Ao buscarmos argumentos com lógica e validados por fatos reais — e não fantasias que circulam na internet, no WhatsApp e, pior, nas nossas neuroses —, a possibilidade de sermos compreendidos é muito maior. O diálogo, mesmo que seja duro, é mais saudável.

Entenda que não estou defendendo a ideia de que temos de aceitar tudo aquilo que os nossos filhos querem fazer — pelo contrário. Te-

> Cada um tem uma forma de se desenvolver e uma personalidade a construir. Existem padrões que os aproximam, mas tratá-los como iguais é desrespeitar a individualidade do seu filho. É, no mínimo, não dar a ele o direito à presunção da inocência.

mos de perguntar, nos informar, analisar a situação e negar sempre que estivermos convencidos de que isso é o melhor para eles — mesmo que cause algum atrito. É nosso dever, acreditem eles ou não. Porém, simplesmente impedi-los de fazer algo apenas porque aquilo é besteira de adolescente, perdoe-me, vai se transformar em besteira de adulto. É preciso dar um voto de confiança para eles e para a educação pela qual nos responsabilizamos.

Já falamos aqui, também, sobre usar parâmetros do nosso passado para solucionar problemas do presente. É outro lugar-comum. "No meu tempo não era assim" não denota experiência, mas desconhecimento. É dar de ombros à passagem do tempo, como se as relações e comportamentos não tivessem o direito de evoluir.

Vou repetir: nosso passado é a referência, mas não é a solução.

O segundo aspecto a ser levado em consideração: a partir do momento em que sabemos que a adolescência tende a gerar transformações no comportamento do jovem, pais e filhos não são inimigos, mesmo que discordem nos mais variados assuntos.

Haverá momentos de maior tensão, um ou outro ficará com a cara amarrada e sem se falar. Mas não dá para transformar isso em uma batalha sem fim — como se fosse uma luta em que o único resultado aceitável é vencer, e para vencer é preciso destruir o adversário. Seu filho ou sua filha não é seu adversário. Seus pais também não.

Conscientes disso, chegamos a um terceiro passo que você deve dar nesta caminhada pelo entendimento: a busca constante do diálogo é um objetivo pelo qual não mediremos esforços. E esse diálogo, mesmo que marcado pela extrema emoção que influencia as discussões entre pessoas tão intimamente ligadas, precisa ser equilibrado.

A pior coisa que pode acontecer é perder as estribeiras, como dizia minha mãe. Ao nos descontrolarmos em uma conversa, aumentamos a voz, reagimos de forma agressiva e nossa autoridade enfraquece. Ao ser confrontado, antes de negar qualquer pedido, ouça o que o seu filho realmente tem a dizer. Entenda o objetivo dele. Às vezes ele só precisa ser ouvido, compartilhar o sentimento que o move a tomar determinada atitude.

O pedido em algumas situações é quase uma súplica para que você o impeça de fazer aquilo, pois ele não tem coragem de dizer não aos amigos — ele só precisa de um culpado.

Ao responder, mostre que você estava atento à reclamação dele, reproduza com suas palavras o que ele disse e revele compreensão, mesmo que não concorde com o pedido ou a reclamação. Compreender não é aceitar — é demonstrar conhecimento, domínio intelectual sobre o assunto. É o que a neurolinguística chama de ressignificação: ouvir o que o outro diz e traduzir com suas palavras, certificando-se de que entendeu corretamente. Com esse comportamento revelamos ao outro o cuidado e a atenção que temos com ele — e isso aumenta o estoque de boa vontade.

Nesse diálogo, evite julgá-lo pelo que fez no passado: "Você é sempre assim", "Parece que não aprende" ou "Já basta aquela vez". Esse recurso sempre faz os assuntos já resolvidos serem retomados e contaminarem a conversa.

Assim como você demonstrou compreender o sentimento dele, revele o seu diante do tema que está em discussão. Diga ao seu filho por que você se sente dessa maneira — e o faça de forma objetiva e honesta, para que ele também tenha argumentos para refletir melhor. Finalmente, faça seu pedido de maneira clara, pois nesse momento você dirá a ele o que precisa para que a relação entre vocês volte a ser harmoniosa, gentil ou, no mínimo, civilizada — o ponto de partida para qualquer tipo de entendimento que se pretenda alcançar.

Assim como você deve se preparar para conduzir esse diálogo com seu filho, ajude-o a desenvolver a mesma dinâmica para que ele entenda o que está acontecendo, o que observa e o que sente diante da situação; e quais são as necessidades e pedidos para que se tenha uma saída na qual o amor prevaleça sobre uma crise passageira.

Permitir-se observar o outro, aprender a escutar os sentimentos, reconhecer as necessidades e expressar seu pedido são componentes do método de comunicação não violenta, criado pelo psicólogo americano Marshall Rosenberg, que se dedicou a ensinar as pessoas a resolver conflitos pacificamente. Curiosamente, em seu livro *Comunicação não violenta: técnicas para aprimorar relacionamentos pessoais*, o primeiro exemplo que Rosenberg usa para apresentar o processo é o de uma mãe irritada com a desorganização do quarto de um adolescente.

"Roberto, quando eu vejo duas bolas de meias sujas debaixo da mesinha e mais três perto da TV, fico irritada, porque preciso de mais ordem no espaço que usamos em comum. Você poderia colocar suas meias no seu quarto ou na lavadora?" Com essa fala, sugerida por Rosenberg, a mãe descreve o que a incomoda, diz o que sente, explica qual a necessidade ligada ao sentimento e conclui com um pedido.

Ao exercitar esse método — para falar e para ouvir — estamos, também, ensinando-o aos nossos filhos, que se capacitarão a usá-lo no seu cotidiano diante dos inúmeros conflitos que enfrentarão no grupo de amigos, na escola, nas comunidades que frequentam e nas redes sociais. Já imaginou quantos desentendimentos poderíamos evitar se antes de publicar um texto ou responder a uma mensagem levássemos essas regras em consideração? Seus filhos podem se transformar em agentes importantes no combate à intolerância que contamina os diálogos de hoje.

Ao eliminar os preconceitos e julgamentos antecipados que vêm de carona com os lugares-comuns, evitar enxergar o outro como adversário e investir na ideia de um diálogo construtivo e voltado para a harmonia, você reduz atritos e colabora para o enriquecimento dos vínculos afetivos. Isso não significa que todos os seus problemas estejam resolvidos. Infelizmente, há situações constrangedoras e tristes vividas por pais e filhos nas quais o esforço de um ou de outro não é capaz de apaziguar os corações.

Agora, mesmo diante de uma relação deteriorada, que não encontre respostas positivas, caberá a você mais um passo: sinalize ao seu filho que você sempre estará disponível para recebê-lo, disposto a ajudá-lo e a oferecer conforto quando sentir necessidade.

Não, você não tem de se submeter a desrespeito ou indisciplina. Não é questão de se rebaixar ou se humilhar diante dele. Absolutamente, não é aceitar toda e qualquer atitude que ele adote com você, com os outros ou consigo mesmo.

É demonstrar que, no momento em que perceber o significado do erro cometido, os pais serão o porto mais seguro que ele encontrará na viagem que buscou fazer por sua conta e risco.

Claro, há condições para essa retomada, e essas condições devem ser respeitadas por ambas as partes — é isso que torna o convívio possível. É quando existe ética no relacionamento ou ética de convivência e não de conveniência, que é quando só mantenho a relação porque tenho alguma vantagem a levar. Só a sustento porque é bom para mim.

O filho que volta ao pai toda vez que se sente desgraçado, com a intenção de obter dinheiro ou um prato de comida, sem se comprometer com a transformação, é um filho antiético.

É PROIBIDO CALAR! ENTÃO FALE AOS SEUS FILHOS.

No diálogo
1. Observe o outro.
2. Não julgue.
3. Pense antes de falar.
4. Identifique seu sentimento.
5. Diga suas necessidades quanto ao fato.
6. Seja claro no que vai pedir.
7. Aceite um não, sem revolta.
8. Entenda as diferenças.

CORAGEM DE DIZER NÃO

Por mais significativa que tenha sido, a convivência com os meus pais ocorreu sob conflitos em muitos momentos. Eu tinha desejos e tentações que me proporcionavam prazeres contra os quais eles se posicionaram. Eles tinham a convicção de que minha satisfação momentânea me colocaria em risco, e foi por isso que tiveram a coragem de dizer não — assumiram postura muitas vezes dura e antipática, mas necessária. Eles sabiam que o "não" faz parte da convivência ética que se deve almejar. O "sim" apaziguaria momentaneamente, mas seria mera conveniência, necessária para evitar transtornos — e o que eles buscavam era me oferecer educação convincente, porque me educavam para a vida.

Independentemente das circunstâncias, os pais devem assumir a missão de proporcionar um ambiente de convivência e ser o timoneiro na viagem que iniciamos no instante em que decidimos ter filhos — e só o seremos se assumirmos nosso papel na sua integralidade. Só o seremos com os filhos, jamais apesar dos filhos. E, se o somos com os filhos é porque, mesmo sendo o guia dessa caminhada, temos a capacidade de entender que estamos dispostos tanto a ensinar quanto a aprender com eles.

A troca de experiência e conhecimento é mútua. Se não for, é porque estamos pautando a convivência na prepotência — e isso ocorre quando passo a acreditar que só eu tenho a verdade, só eu possuo o conhecimento, só eu sou capaz de controlar a situação. Por mais que você tenha a convicção de que desse mal não sofre, atenção!

A prepotência surge exatamente quando estamos convictos de algo. Você tem

> **Independentemente das circunstâncias, os pais devem assumir a missão de proporcionar um ambiente de convivência e ser o timoneiro na viagem que iniciamos no instante em que decidimos ter filhos — e só o seremos se assumirmos nosso papel na sua integralidade.**

convicção da excelência do trabalho que realiza na empresa, o resultado é positivo e a performance destacada. Até ser dispensado pelo seu chefe. Era tão grande a convicção no seu potencial que você perdeu a capacidade de enxergar suas fragilidades.

Você tem convicção do amor eterno da mulher amada e planeja levá-la ao altar. Até o dia em que ela o troca por outro, pois sua prepotência o impediu de perceber que suas atitudes enfraqueciam a relação. A realidade se sobrepõe a sua verdade, e esta se traduz em frustração.

Na relação com os filhos, nosso esforço é entender que, por mais experiência e conhecimento que tenhamos desenvolvido ao longo do tempo, aprender é preciso — e eles são fontes importantes de experiência e conhecimento, pois têm a capacidade de nos trazer a realidade do mundo em que vivem. E pasme: os nossos filhos adoram ensinar.

Eu estava sentando à mesa onde dispomos os computadores de casa e meu filho mais novo me chamou a atenção para o surgimento de uma moeda digital que poderia revolucionar as transações financeiras. Diante dos sinais de desconfiança e desconhecimento que emiti, ele resolveu me dar uma aula sobre aquela novidade. A cada vez que eu revelava interesse no assunto e dificuldade no entendimento, o olho dele brilhava mais, e era perceptível o sorriso de satisfação por estar ensinando ao pai, que por força da profissão costumava ser o dono das novidades em casa. Isso foi há três anos, e hoje o Bitcoin se destaca nos veículos tradicionais de comunicação — e eu não acreditei nesse investimento na época. Perdi dinheiro, será?!

Há condições para que a troca de experiência e de conhecimento se realize. É preciso abrir mão das convicções que temos como pais e mães; entender que a experiência construída é referência para as decisões tomadas, mas não a verdade absoluta; e desenvolver um cérebro poroso, capaz de absorver o conhecimento do outro. Um estágio que só será alcançado se você assumir a responsabilidade pela educação do seu filho em vez de terceirizá-la, entregando-a ao poder público, à escola ou à igreja — o que tem sido comum em muitas famílias.

> Na relação com os filhos, nosso esforço é entender que, por mais experiência e conhecimento que tenhamos desenvolvido ao longo do tempo, aprender é preciso — e eles são fontes importantes de experiência e conhecimento, pois têm a capacidade de nos trazer a realidade do mundo em que vivem. E pasme: os nossos filhos adoram ensinar.

PAIS TERCEIRIZADOS

A todo momento novas leis e regras são publicadas com o objetivo de proteger os filhos da prepotência dos pais, da violência dos que vivem em seu entorno, do assédio de pessoas e instituições. Criam-se barreiras publicitárias e restrições de acesso a comida, bebida e drogas. Limitam-se os anúncios, controlam-se as informações e se disponibilizam filtros para acesso a determinados conteúdos na TV, no cinema, nas revistas e na internet — especialmente na internet.

No Brasil, há leis que proíbem a venda de alimentos industrializados na cantina das escolas, regulamentos para a distribuição de material publicitário entre crianças e restrições ao tipo de brinquedos fabricados, além de uma série de outras regras que estão em vigor com o intuito de proteger nossos filhos. São importantes na perspectiva de se criar um ambiente baseado na ética e no respeito às crianças. É o Estado, como ente público, sendo acionado para fortalecer ou substituir o papel dos pais — dependendo das circunstâncias e do seu ponto de vista — e, em alguns momentos, tentando fechar arestas de uma educação que as crianças não receberam.

As leis são importantes especialmente por seu caráter pedagógico, mas não são necessárias para que se tenha uma relação ética entre pais e filhos. Isso é lição de casa, feita em família. Não depende do Estado. Não tem nada a ver com o governo.

> Se você precisa de uma lei para saber que bater nos seus filhos com cinto é grave e improdutivo, lamento, tem algo errado na sua educação. Se a violência faz parte do processo disciplinar que você aplica em casa, é sinal de que você perdeu completamente o controle da situação — e aí, é claro, o governo tem de atuar.

Nunca me passou pela cabeça a imposição de castigo que causasse sofrimento físico ou lesão em meus filhos. Nunca pratiquei esse tipo de ato contra eles ou contra qualquer outra pessoa — e jamais o farei. Não é da minha índole. Portanto, eu não precisaria que o Congresso brasileiro se reunisse, debatesse exaustivamente, se envolvesse em polêmicas até aprovar o que ficou conhecido como Lei da Palmada.

Se você precisa de uma lei para saber que bater nos seus filhos com cinto é grave e improdutivo, lamento, tem algo errado na sua educação. Se a violência faz parte do processo disciplinar que você aplica em casa, é sinal de que perdeu completamente o controle da situação — e aí, é claro, o governo tem de atuar.

No caso da cantina da escola: por força da lei não se vendem bebidas de baixo teor nutricional, como refrigerantes, ou alimentos ricos em açúcar e gordura saturada. É uma forma de combater a obesidade infantil cortando as tentações que costumam estar diante das crianças — é pedagógico. A lei transmite uma mensagem clara às famílias. Mas vira letra morta se em casa a turma tem tudo isso à disposição ou, quando vai passear, você é incapaz de dizer não ao seu filho diante dos excessos alimentares que ele comete.

> Cuidar da saúde deles é um compromisso ético que assumimos. Precisamos manter em dia a carteira de vacinação, ensinar a importância de tomar banho, de lavar as mãos e escovar os dentes, assim como orientá-los para uma alimentação mais saudável.

Cuidar da saúde deles é um compromisso ético que assumimos. Precisamos manter em dia a carteira de vacinação, ensinar a importância de tomar banho, de lavar as mãos e escovar os dentes, assim como orientá-los para uma alimentação mais saudável.

E nesse cuidar está mais uma vez o "não": não deixar, não aceitar e não fazer. Não existe autoritarismo nesse comportamento, existe autoridade, porque o "não" se justifica com argumentos e informação. Com autoridade se dialoga, se ensina e se convence. Com autoritarismo se impõe o medo e se inspira a rebelião.

Minha esposa e eu éramos "viciados" em refrigerante. Uma garrafa à mesa era obrigatória nas refeições. Os meninos preferiam água, pois tinham aprendido com a avó que era mais saudável — "vivia-se mais", dizia ela aos netos. Foi então que percebemos que o nosso comportamento estava minando a boa educação alimentar aprendida com a avó e que seríamos responsáveis pela formação de um hábito prejudicial à saúde das crianças. Com aquela atitude colocaríamos também em risco a nossa autoridade. Como convencê-los a ter uma alimentação saudável se cometíamos aquele excesso? Com que autoridade pediríamos que eles tivessem maior controle sobre a bebida e a comida?

Perceber o impacto que nossos hábitos têm sobre nossas palavras foi importante naquele momento, pois estas se tornam frágeis se não vierem acompanhadas de atitudes. Assim como foi fundamental entender a mensagem que nossos filhos nos transmitiam ao darem preferência a um copo d'água. Aprendemos com eles, e isso faz parte desse processo educacional que pais e filhos devem levar em parceria. Afinal, nunca é demais lembrar, somos parceiros nessa viagem.

Sempre que entregamos aos outros o processo de educação dos nossos filhos, desperdiçamos a oportunidade de aprender, ensinar e crescer juntos. É assim quando imploro que o Estado interfira na minha relação com meus filhos: diga o que eles podem ou não consumir, o que eu posso ou não fazer com eles — geralmente porque eu mesmo não tive autoridade para dizer.

É assim quando reclamo que a escola não educa meus filhos. Perdão! Quem educa meus filhos sou eu. A escola ensina, e com o ensino me ajuda a educá-los. Convenhamos, já é uma tremenda missão.

A escola é responsável pela escolarização, e temos de nos esforçar para que ela seja capaz de oferecer um ensino de qualidade, nas esferas pública e privada. Não posso imaginar que aquilo que eu não soube dar a eles — formação ética, construção de valores, respeito ao próximo, por exemplo — seja resolvido na sala de aula. Pobre professor!

O pai não mantém a filha quieta na mesa do jantar, porque ela quer ver televisão, acessar a internet ou correr na sala: "Já passei o dia inteiro longe dela, não vou usar este momento para tomar medidas antipáticas" — justifica-se. Mas o pai reclama do professor que não toma conta da classe e por isso sua filha não presta atenção no que é ensinado.

Quando leva a criança para a escola, a mãe não para na faixa de segurança para o pedestre atravessar, acelera no sinal vermelho porque está atrasada e estaciona em fila dupla porque é rapidinho. O filho chega à sala de aula e a escola é a culpada porque o menino descumpre as obrigações.

Quer outra cena do nosso cotidiano?

Vamos almoçar em família no restaurante mais bacana do bairro, no domingo. Nos sentamos à mesa, pedimos os pratos e grudamos os olhos na tela do celular. Respondemos mensagens de colegas de trabalho, fazemos check-in para que os amigos saibam onde estamos, fazemos fotos para postar na rede social e aproveitamos para bisbilhotar o que os outros estão fazendo. Na segunda-feira, ficamos sabendo que o nosso filho não tem o desempenho escolar que gostaríamos e criticamos o professor que o deixa usar o celular durante a aula.

Os pais não educam a criança a cumprir seus deveres e obrigações, e repassam à escola essa tarefa.

Fico sempre curioso por saber quando as crianças terão tempo de aprender matemática, português, história e geografia se a cada problema no país queremos incluir mais uma matéria no currículo. Empresas e governos se envolvem em casos de corrupção, e a escola tem de ensinar ética na sala de aula. O eleitor abre mão do seu direito de escolher um representante ou o faz sem qualquer reflexão, então vamos recriar as aulas de educação moral e cívica. A autoridade permite excesso de velocidade nas vias e não pune as irregularidades no trânsito. Por que não se ensina na escola a respeitar as leis?

Acredito, sim, na ideia de que a escola possa ajudar os pais nesse processo do conhecimento, e há oportunidade para tratar de muitos dos temas da cidadania na sala de aula de maneira transversal. No entanto, acreditar que toda a educação cabe à escola e aos professores é abrir mão de uma responsabilidade que pertence aos pais e à família.

Se tudo cabe à escola e nada cabe a mim, a escola se transforma em um pai terceirizado — e eu deixo de cumprir meu papel de pai na integralidade. Não exagero ao dizer que, com essa atitude, passo a ser um pai ou uma mãe que não cumpre seu dever ético diante da família e da sociedade.

É PROIBIDO CALAR! ENTÃO FALE AOS SEUS FILHOS.

Na rede social
1. Você é o que compartilha.
2. Apure a informação antes de comentar.
3. Respeite a privacidade do outro.
4. Preserve a sua imagem.
5. Se copiar, dê o crédito.
6. Se gostar, elogie.
7. Se discordar, argumente.
8. Se for criticado, respeite.

6
SER ÉTICO

É aqui que a coisa começa se complicar. Se educar é preciso e a responsabilidade é nossa, dos pais, essa educação somente será plena se baseada em princípios e valores que tenham como objetivo a busca pelo bem. Caso contrário, é deseducar.

Ratifico o que escrevi no capítulo anterior: ao abrir mão do meu papel como pai, deixo de cumprir meu dever ético diante da família e, também, da sociedade — sim, da sociedade também. Formar nossos filhos dentro desse conjunto de princípios e valores que devem pautar a convivência é o que poderá construir um amanhã melhor. Isso não é uma garantia de que vá acontecer, mas é uma premissa a ser levada em consideração.

Perceba como é importante e complexo esse compromisso de colocar um filho no mundo ou de criá-lo neste mundo. É um compromisso que assumimos não apenas diante dele ou da nossa família. É um compromisso com a sociedade. Filhos melhores tendem a resultar em pais melhores, e a consequência desse ciclo positivo é a formação de uma sociedade mais justa, menos desigual, uma sociedade em que a ética é a base da boa convivência.

Aliás, ética e convivência estão intimamente relacionadas, porque aquela só existe na vivência com o outro. Você provavelmente nunca ouviu falar de alguém que é ético consigo mesmo. Podemos dizer que somos honestos, corretos, injustos, inseguros em relação a nós. Mas somos éticos sempre com os outros — ao menos é o que se espera.

> Filhos melhores tendem a resultar em pais melhores, e a consequência desse ciclo positivo é a formação de uma sociedade mais justa, menos desigual, uma sociedade em que a ética é a base da boa convivência

A ética se concretiza na relação com seus amigos, com colegas de trabalho, com a turma na sala de aula, do clube e da igreja. Com seu inimigo, adversário e competidor, também — é preciso respeitar princípios éticos no embate com quem se opõe a nós em qualquer que seja a circunstância.

A propósito, essa é uma situação curiosa a que assistimos atualmente nos debates sobre direitos humanos — tema sensível, importante e muito malcompreendido por muita gente. Se nós os defendemos de verdade, não temos o direito de escolher quem os merece — são direitos de todos.

"Eu defendo os direitos humanos do homem de bem" — eleva-se a voz intolerante na discussão.

Eu também!

Agora, se eu quero que o homem de bem seja respeitado, tenho por obrigação oferecer esse mesmo respeito a todos os demais seres humanos — mesmo que alguns deles tenham cometido crimes. À medida que dou o direito de alguém escolher quem merece ser respeitado ou não, passo a aceitar que amanhã alguém que discorde do meu pensamento político, religioso ou social entenda que eu deva ser punido.

Se quero ter o direito, por exemplo, de me manifestar politicamente diante de determinado fato e, inclusive, convocar outras pessoas a protestarem comigo pelas ruas da cidade, tenho de oferecer aos que discordam do meu posicionamento a oportunidade para que o façam, também. Não posso pedir respeito à minha manifestação e repressão à dos meus opositores só porque acho que a ideia deles não busca o bem comum.

Isso significa que, se alguém invadir minha casa, ameaçar meus filhos, dilapidar meu patrimônio — apenas para ficar no campo de situações que já vivenciei —, vou passar a mão na cabeça do criminoso, considerá-lo inocente e desejar que viva em paz para todo o sempre? Claro que não! Isso seria uma injustiça. Vou exigir que a polícia investigue, descubra quem foram os autores do crime e os denuncie para que a Justiça analise o caso e os puna dentro do que prevê a lei. Quero justiça! E justiçar não é vingar.

Em sua época — e estamos falando de aproximadamente 1.780 a.C. —, a Lei de Talião, sistema em que o autor de um crime sofria castigo semelhante ao crime por ele cometido — ou tal qual o crime cometido —, já era uma demanda social. Por mais cruel que nos pareça — e me parece muito cruel —, ela surgiu para conter punições excessivas que poderiam ser executadas por vingadores.

Evoluímos. Criamos novos ordenamentos legais com o objetivo de punir o infrator, buscando equilíbrio entre crime e penalidade — que no fim das contas era o que se almejava com a Lei de Talião. A vantagem de agora é que nos distanciamos da barbárie do passado.

Se tenho um filho morto — perdão por provocar uma sensação ruim ao escrever essa ideia —, devo matar o filho do outro ou o próprio para que a Justiça se realize? Ninguém deve recriminar que essa ideia passe na cabeça de um pai diante de uma desgraça. Mas, entre pensar e fazer, como diz um provérbio italiano, existe um mar — e é melhor que não se tente atravessar esse oceano, porque estaríamos atentando contra a vida.

O fato é que buscar justiça é ético; vingar-se, não!

Perceba como isso se reflete no dia a dia dos nossos filhos.

Seu pai, você mesmo ou, vá lá, alguém próximo de você, tenho certeza, já disse a seguinte frase: "Filho meu não traz desaforo para casa!" — e lá vai o menino para a escola. No pátio, durante o recreio, uma turma mais atrevida e metida a forte decide zoar com ele, passa a lhe dar cascudos na cabeça e a chamá-lo de medroso. Seu filho poderia conversar com os colegas agressivos e explicar o quanto aquela situação é desconfortável, para dizer o mínimo. Poderia acionar o bedel e pedir que alguma medida seja adotada para que as agressões cessem. Talvez voltar para casa para compartilhar com os pais o constrangimento que vem sofrendo. Esta última, porém, deixa de ser uma opção se a ordem é não levar desaforo. Aliás, ao pé da letra, as duas anteriores também estão fora de cogitação, até porque o recado do pai foi claro. Com outras palavras, o pai resgatou a Lei de Talião: bateu, levou!

O menino obediente ao pai tem apenas uma alternativa: devolver a agressão, quem sabe com um soco em um dos algozes. A briga segue, ambos rolam pelo chão e vão parar na diretoria. O filho é suspenso, perde aulas, talvez deixe de aprender alguma coisa importante, terá desempenho prejudicado na prova e quem sabe dificuldade para passar de ano. Em lugar de levar desaforo para casa, leva a fama de baderneiro e nota baixa. Atendeu às regras determinadas pelo pai e se vingou do colega.

Fez certo? Na ótica do pai, sim. Mas não foi ético. Porque a resposta àqueles que não agem eticamente conosco não é não ser ético com eles. Ao agirmos dessa maneira, estaremos nos igualando aos que criticamos. Nossa busca tem de ser pelo bem, e este está em ser justo, equilibrado — por mais desequilibrado que seja nosso inimigo.

No caso dos meninos agressores da escola que praticam o que passou a ser conhecido por bullying, existe a possibilidade de que essa prática seja também fruto de pais que deixaram de cumprir à risca seu papel. Deixaram de ser pais, de ser éticos com seus filhos e a sociedade. Eu disse que é uma possibilidade, mas não devemos enxergar nisso uma verdade absoluta, pois a avaliação carece de investigação caso a caso.

O que se sabe, com certeza, é que, no caso dessas agressões, que ocorrem geralmente na escola, mas se reproduzem em todos os demais ambientes de convivência dos filhos, incluindo a internet, com o que passamos a chamá-las também de cyberbullying, o papel dos pais é significativo, seja seu filho vítima, algoz ou testemunha da violência.

Crianças que presenciam atos relacionados ao bullying na escola costumam ser o principal antídoto para essa prática ao intervir e convencer colegas a mudarem seu comportamento. São agentes mais efetivos do que os pais e professores, pela proximidade que têm com as partes envolvidas. No entanto, para que essa intervenção ocorra, o estímulo dos pais é essencial. Foi o que mostrou uma experiência realizada em nove escolas americanas, que recebem alunos de diferentes etnias e raças, pela pesquisadora Stevie Grassetti e seus colegas da Uni-

> Quando as crianças convivem em um espaço no qual há um sentimento de solidariedade, aquelas que são mais atormentadas por essas agressões se fortalecem e ganham autoestima. Um cenário que acaba contaminando mesmo os que costumam ser os autores das agressões.

versidade de Delaware, nos Estados Unidos. No estudo, eles entrevistaram 1.440 crianças e visitaram 106 famílias para identificar como pais, mães e cuidadores atuavam e a influência de suas intervenções sobre o comportamento dos jovens.

A constatação é que os pais têm capacidade para resolver esse problema por meio de conselhos que dão aos filhos em casa, ajudando-os a identificar as situações de violência e orientando-os a agir corretamente diante desses casos — por exemplo, incentivando-os a ajudar e confortar a vítima. Quando as crianças convivem em um espaço no qual há um sentimento de solidariedade, aquelas que são mais atormentadas por essas agressões se fortalecem e ganham autoestima. Um cenário que acaba contaminando mesmo os que costumam ser os autores das agressões. Construir esse ambiente saudável é mais eficiente do que estabelecer projetos que preveem apenas a punição dos agressores.

Quando a mensagem que os filhos recebem é a de não se envolver nessas situações — "Não se mete onde não é chamado, meu filho!" ou "Não procure sarna para se coçar" —, além de não tentarem intervir para evitar os ataques, os jovens têm maior propensão a praticar o bullying.

Deixar, por ação ou omissão, que seu filho pratique ou seja cúmplice dessas agressões é mais uma atitude que desrespeita o compromisso ético que você assumiu na condição de pai ou de mãe.

É COMIGO QUE ESTOU FALANDO

Comecei este capítulo, dedicado ao tema "Ser ético", dizendo que é aqui que a coisa complica — porque é aqui que o pai e a mãe aparecem de verdade. É aqui que corremos o risco de sermos desvendados e desmentidos. É quando podemos ver nossa máscara cair — aquela que usamos para dar lição de moral, impor disciplina e pregar a palavra do que é certo e errado para os nossos filhos.

> A ética não é o que digo, é o que faço, principalmente o que faço.

Muitos de nós começamos a desconstruir nossa relação com eles no momento em que temos de tomar decisões que devem, necessariamente, ser baseadas em princípios e valores éticos — decisões que se sobrepõem à palavra e só têm significado na atitude.

A ética não é o que digo, é o que faço, principalmente o que faço.

Sei que essa ideia pode ser vista como simplista e levá-lo a um pensamento que não condiz com a realidade e se distancie daquilo que eu gostaria que fosse seu verdadeiro significado. Por isso, avanço um pouco mais no tema. Até porque com a palavra posso ser antiético ao dizer coisas que venham a infringir regras de convivência social ou desrespeitar valores que tenham importância para outras pessoas.

Aliás, é muito comum assistirmos a esse tipo de comportamento no meio em que vivemos.

O colega que lhe procura no escritório para fazer fofoca sobre outro companheiro usa a palavra de maneira antiética. Quando o líder da sua empresa chega à reunião de trabalho e conta piadas machistas, faz da palavra um instrumento que fere a ética. Ao aproveitar que está sozinho no carro ao levar a filha para a escola e contar maledicências sobre sua ex-mulher, mãe dela, com o objetivo de afastá-la da convivência materna, o pai faz mau uso da palavra e é antiético na sua relação com a família.

Portanto, o mau uso da palavra é antiético. No entanto, por mais curioso que pareça, usá-la de maneira correta não significa que você seja ético.

A história recente do Brasil nos revela uma série de personagens da política que marcaram sua trajetória com discursos em defesa do cidadão, da moral e dos bons costumes. Suas falas estão gravadas nos registros oficias das casas legislativas e nos palácios governamentais. Seus atos, porém, não condiziam com as palavras e, revelados, mancharam sua biografia — quando não a destruíram.

Tivemos líderes que construíram conglomerados empresariais, transformaram-se em referência nas áreas em que atuavam e levaram seus negócios para além das fronteiras do país. As empresas eram geradoras de mão de obra, e cada novo funcionário recebia um guia de conduta a ser seguido, geralmente intitulado *Código de Ética* — mais recentemente passaram a preferir a expressão em inglês *compliance*. Os valores e as missões que moviam a organização eram lembrados a todo momento. Porém, ao serem investigados e denunciados, as condutas internas e espúrias desses líderes eram descobertas. Eram honestos da boca para fora — tinham a alma e a mente contaminadas pelos malfeitos.

A despeito de usarem a palavra corretamente, em bom português, eram corruptos.

Em uma das redações em que trabalhei, assim que entrávamos, deparávamos com uma placa de acrílico presa em um dos pilares de sustentação do prédio. Lia-se a frase de autoria do jornalista Cláudio Abramo: "O jornalismo é o exercício diário da inteligência e a prática cotidiana do caráter." A leitura diária desse ensinamento nos levava a refletir sobre a função que exercíamos. Ela pretendia criar um comportamento apropriado para a responsabilidade que assumimos como profissionais do jornalismo.

No tempo em que ficou exposta, em alguns aquela placa reforçou a convicção e em outros, promoveu a mudança de hábito, a partir das decisões que tomaram ao noticiar os fatos do cotidiano, cientes de que não valia a pena buscar a notícia a qualquer custo. Havia regras a serem respeitadas. Houve aqueles para os quais a frase se transformou em letra morta, pois entendiam que valia qualquer coisa para chegar a uma informação.

O que estou tentando dizer é que a ética que se resume ao discurso é uma ética de acrílico, é apenas estética. Assim, se a ética não é o que eu digo, mas o que faço — e eu acredito nessa verdade a ponto de repeti-la várias vezes neste livro —, somente nos comportando eticamente seremos capazes de transmitir aos nossos filhos os princípios e os valores que gostaríamos que pautassem a vida deles e a relação com os outros.

O adágio "Faça o que eu digo, não faça o que eu faço" tem pouco sentido no que se refere à parentalidade, apesar de muitas vezes termos ouvido essa frase de nossos pais — e talvez outras tantas tenhamos dito aos nossos filhos.

É por isso que a coisa se complica. Precisamos ter consciência de que somos a referência de nossos filhos e de que estamos sendo observados a todo momento.

Se, em casa, o pai não reconhece o espaço que a mãe tem na educação ou não respeita suas escolhas, o filho vai reproduzir o comportamento com as amigas.

No trânsito, se a mãe ultrapassa pelo acostamento e atravanca o cruzamento para não perder o sinal, o garoto age com a certeza de que deve sempre levar vantagem em relação aos outros na rua.

Na empresa, se o pai toca o negócio atropelando as decisões de colegas e desrespeitando as regras de boa convivência, por que imaginar que na escola a filha se comportará de maneira diferente?

Quando pensei em falar sobre ética com meus filhos, percebi que o diálogo era comigo mesmo. Pouco adiantariam as palavras se eu não observasse antes meu comportamento diante das diversas situações que enfrentamos no dia a dia. A maneira como eu me relacionava com minha mulher, meus amigos e colegas de trabalho teria de estar à altura do respeito que eu pediria que eles mantivessem nas suas relações de vida.

Especialmente, precisei avaliar como reagia diante das adversidades e dos adversários. Pedir a eles coragem e autoconfiança nos embates na escola, no trabalho, nos relacionamentos interpessoais e me revelar covarde para encarar as dificuldades no mínimo causaria neles mais dúvidas do que certezas.

Para jovens em processo de amadurecimento e com todos os dilemas aos quais já nos referimos no capítulo "Ser filho, ser filha", deparar com um pai ou uma mãe que, em atitude, contradiz suas próprias palavras é mais um motivo de angústia e sofrimento. O filho questiona a capacidade de eles serem a sua melhor referência, e então se abrem duas possibilidades: a primeira é copiar o comportamento dos pais em lugar de seguir as recomendações deles; a segunda é sair em busca de outras referências, talvez pessoas que considere mais coerentes no que falam e fazem, mas que, necessariamente, não são os guias mais apropriados para ajudar na formação da personalidade do seu filho.

E FALANDO DO QUÊ?

Eis aí uma dúvida na minha, na sua, na nossa cabeça. Quando falamos de ética, estamos falando do quê? É provável que, na busca por respostas objetivas, nos encontremos em um emaranhado de conceitos e explicações que apenas tornarão nossa visão mais turva diante do assunto. Geralmente nós, leigos, usamos a palavra de forma errada do ponto de vista dos conceitos filosóficos, causando nos estudiosos arrepios e descontentamento. Confundimos, por exemplo, ética e moral, pois ambas dizem respeito ao comportamento ou à conduta humana na sociedade.

Confesso, porém, que me preocupam muito mais as trapalhadas éticas e morais em que nós nos metemos — e devido a elas nos comprometemos — do que propriamente as confusões semânticas. Seja como for, vamos lembrar que ética vem do grego *ethos,* que significa modo de ser, caráter. Moral vem do latim *morales*, é relativo aos costumes. Devemos enxergar a ética como a ciência dos costumes, que investiga a moral. É o que ilumina nossas decisões. É o conjunto de valores e princípios que usamos para decidir qual conduta adotar diante das diversas situações com as quais nos envolvemos no cotidiano.

No momento em que atuo, faço uso da moral.

A ética é o princípio, e a moral é a prática desse princípio.

Chego a uma sala e encontro um maço de dinheiro caído no chão. Ninguém está por perto, ninguém me observa e as alternativas surgem no meu caminho — colocá-lo no bolso, afinal "achado não é roubado", ou pegar o maço e sair em busca do seu dono. Se decidir levar o dinheiro até o setor de segurança para verificar se alguém reclamou a perda dele, estou agindo de forma correta do ponto de vista moral — e se o faço é porque tenho como princípio ético não me apropriar do que não me pertence.

A ética, repito, ilumina minhas condutas.

Imagine agora a situação de um jovem que está prestes a ser reprovado porque seu desempenho escolar está abaixo da média. Sabe da dificuldade que o pai teve para pagar a mensalidade, da frustração que causará na família e do risco de ter de mudar para um colégio de qualidade inferior no ano seguinte, provavelmente prejudicando ainda mais seu desenvolvimento. Um colega lhe oferece a oportunidade de ouro: tem o gabarito da prova final. Alguns tostões resolvem o problema dele.

Fazer o quê?

O estudante não pensará duas vezes. Ou melhor, talvez até pense, pois é um ser humano e, como tal, falível. Mas o que vai influenciar suas decisões, não tenho dúvida: os princípios éticos que sempre iluminaram as ações na sua família. Tomará a decisão com base naquilo que observou ao longo do tempo no relacionamento com seus pais e os mais próximos. Reproduzirá o comportamento que pai e mãe adotaram perante os diversos dilemas que já enfrentaram.

Sim, sorria, você está sendo filmado!

A conversa em volta da mesa na hora do jantar, o bate-papo com os amigos no fim de semana e o comentário que você faz após ouvir as notícias no rádio e na TV estão sendo gravados na memória do seu filho. Assim como estão sendo observados a maneira como você trata os funcionários e prestadores de serviços em sua casa e o respeito que você tem com parentes, vizinhos e colegas de trabalho. Também faz parte dessa memória a maneira como você respondeu ao questionamento do agente de trânsito, do fiscal da prefeitura e do funcionário da Receita Federal.

Essas informações serão a fonte de inspiração dos filhos na busca de solução para as diversas situações que enfrentarem — seja no conflito com um colega na sala de aula, na discussão com o chefe no trabalho ou mesmo na divergência de opiniões nas redes sociais. Por mais independentes que pareçam ser, as reações deles estarão baseadas no conjunto de mensagens que receberam ao longo da vida a partir de pessoas que os influenciaram — e poucos conseguem influenciar tanto os seus filhos quanto você. Pela ação ou pela omissão.

Ele pode ser um ponto fora da curva? Claro que sim.

Mesmo educado sob valores e princípios éticos muito bem estabelecidos, seu filho ou sua filha poderá lhe surpreender na decisão que adotar. Causar a você frustração bem maior do que a de ser reprovado ao fim de um ciclo escolar. Infelizmente — ou não —, não temos total controle sobre o resultado que será alcançado com a educação que oferecemos a eles. O que está sob nosso controle são as ações que adotamos com determinadas finalidades.

No caso da ética, a finalidade de alcançar o bem.

No caso do trabalho, a de executar com excelência a função que é de nossa responsabilidade.

No caso de sermos pais, a de oferecermos aos nossos filhos a educação que lhes permitirá fazerem as melhores escolhas diante dos problemas que terão de administrar o tempo todo no relacionamento com os amigos e com a família, na escola e no emprego — na vida!

Podemos deliberar sobre nossas ações e sobre os fins que almejamos. Jamais sobre os fins alcançados. Estes dependerão das escolhas de nossos filhos — que, como escrevi acima, podem ser influenciadas pelo que transmitimos a eles, mas que, também, são resultado de deliberações próprias forjadas na personalidade que construíram, na maturidade que desenvolveram e nas relações que mantêm, além das familiares.

Costuma-se dizer que ter filhos é ter um coração batendo fora do peito. A angústia de todo pai e de toda mãe é saber que esse coração se aventura por espaços sobre os quais não temos controle — um coração que pedala entre os carros, corre atrás da bola no meio da rua, salta de paraquedas e vira a noite na porta de um bar. Hoje, um coração que — mesmo dentro de casa — tecla no celular e se expõe a aventuras e perigos.

Meu pai ficava acordado até ouvir o barulho do portão sendo aberto de madrugada — quem nunca? Era o sinal de que eu estava voltando para casa depois de horas longe do controle dele, em lugares sobre os quais ele não tinha domínio e diante de situações nas quais ele não seria capaz de me proteger dos riscos que a vida teima em nos impor. Ele não entendia — e não o culpo por isso, porque nós, pais, costumamos agir desta maneira — que o controle, o domínio e a proteção que eu tinha vinham da educação que ele me proporcionou.

Pode-se agir para que essa relação seja menos angustiante — e não é criando regras rígidas e impondo disciplina exemplar, por mais que regras e disciplinas sejam importantes e tenham de ser respeitadas. Se queremos que os filhos tenham conduta coerente com nossos princípios e valores, o objetivo não será alcançado de forma coercitiva ou por pressão dos que vivem em seu entorno. Com essa atitude, o que podemos alcançar são comportamentos hipócritas, com uma obediência resultante da obrigatoriedade, sem nenhuma honestidade.

Filhos que seguem à risca o que os pais dizem apenas quando estão na presença deles não podem ser considerados éticos em sua conduta. São como o motorista que diminui a velocidade somente quando lê na placa o aviso sobre radar adiante ou como o funcionário que só atende o cliente com gentileza quando o gerente está na loja.

Ser ético não é ser obediente; ser ético é estar consciente. É saber — e se satisfazer com isso — que seu comportamento vai proporcionar o bem-estar comum.

É estar convencido de que atitudes que prezam a honestidade, a responsabilidade e o respeito ao outro devem sempre prevalecer, esteja ou não sendo observado pelo pai, pela mãe, pelo chefe ou pelo padre da igreja mais próxima.

O controle, o domínio e a proteção que nós, pais, muitas vezes adoraríamos manter sobre nossos filhos — e pensamos assim com a maior das boas intenções — não existem na prática. São uma ilusão. O que pode tornar menos angustiante essa nossa responsabilidade sobre os filhos — e aí, sim, está sob nosso controle — é a construção de um espaço no qual a ética prevaleça. Dessa maneira, estaremos oferecendo a eles um repertório mais sofisticado de escolhas.

QUAL CAMINHO SEGUIR

As escolhas que fazemos na vida são motivadas por diversos fatores. Coerção, desejo e paixão, por exemplo. Conhecimento, conveniência e razão também. Os motivos que nos levam às escolhas necessariamente não definem se o resultado será bom ou ruim, certo ou errado.

Já lembrei do prazer que eu sentia quando era criança e meu pai me convidava para guiar o carro dele, segurando no volante, enquanto ele ficava no controle dos pedais e da marcha. A sensação de alegria só era possível porque na época não era obrigatório o uso do cinto de segurança, nem era proibido que crianças fossem transportadas nos bancos dianteiros.

Essa alegria seguiria sendo compartilhada por outras crianças se a autoridade de trânsito e os especialistas em segurança não tivessem imposto uma lei que obriga o motorista a usar cinto de segurança e crianças serem conduzi-

> Ser ético não é ser obediente; ser ético é estar consciente. É saber — e se satisfazer com isso — que seu comportamento vai proporcionar o bem-estar comum. É estar convencido de que atitudes que prezam a honestidade, a responsabilidade e o respeito ao outro devem sempre prevalecer, esteja ou não sendo observado pelo pai, pela mãe, pelo chefe ou pelo padre da igreja mais próxima.

das nos bancos de trás ou em cadeiras especiais, conforme a idade e a estatura. E o fizeram de maneira coercitiva, pois identificaram que a prática era lesiva ao ser humano — ao mesmo tempo que trazia prazer e satisfação a pais e filhos, causava mortes e lesões.

A prática de usar o cinto de segurança foi imposta aos motoristas e passageiros. Salvou vidas e tornou o trânsito mais seguro. Hoje, faz parte do nosso costume, e dificilmente deixamos de colocar o cinto após entrarmos no carro. Por coerção aprendemos a lição. Por convicção não questionamos mais a norma.

Nem sempre esse caminho é possível quando nos referimos à educação de pai para filho — a começar pelo fato de não haver lei que obrigue o filho ou a filha a seguirem as ordens dos pais. O que existe é uma relação de respeito e o entendimento da dependência que eles têm em relação aos pais.

Nos primeiros anos de vida, há obediência pela autoridade que os pais exercem. Os filhos escolhem por imposição, por medo de punição. À medida que crescem, e isso tem ocorrido cada vez mais cedo, o respeito pelos pais muda de natureza. A criança ganha alguma autonomia, desenvolve conhecimento e percebe melhor o que é certo ou errado, o que é bom ou ruim. Ainda está sob a responsabilidade dos pais, portanto deve satisfação por seus atos. Seus desejos, porém, começam a encontrar pontos de conflito com seus deveres e possibilidades.

Aos pais caberá orientar os filhos no sentido de fazê-los entender que desejos, deveres e possibilidades nem sempre estão alinhados. Por mais que eles queiram fazer algo — e a

Aos pais caberá orientar os filhos no sentido de fazê-los entender que desejos, deveres e possibilidades nem sempre estão alinhados. vontade pode até ser justificável do ponto de vista da busca do prazer e da diversão —, talvez não seja recomendável, pois fazê-lo acarretará responsabilidades que eles não têm maturidade suficiente para suportar.

Nesse campo podemos colocar os desejos sexuais, que se intensificam na adolescência — seja pelas mudanças pelas quais o corpo está passando, seja pelas alterações hormonais que influenciam seu comportamento, ou pelos próprios estímulos externos aos quais está cada vez mais exposto.

Lembre-se: o menino é um vulcão em ebulição. Testosterona causando dentro do corpo. Dopamina, endorfina e ocitocina batendo um bolão. E aí chegam, sem pedir licença, a adrenalina e o hormônio do crescimento. Tudo junto e reunido desencadeia um processo agressivo de extensão e expulsão. A fala é mais alta, a música é muito alta, o desejo sexual chega em grau altíssimo — e o cérebro ainda não sabe modular essa sequência de fatores.

Com as meninas a situação é ainda mais dramática: elas têm picos e vales em curtos períodos, com alterações hormonais que se revelam ao longo de um mês. A menstruação chega sem pedir licença, causando alterações físicas e de humor. O corpo ganha formas que externalizam essa transformação, enquanto a sensibilidade e o estresse se acentuam.

O corpo os leva a tomar uma atitude. Sua mente aguça a curiosidade — e, pior, seus colegas os provocam a ir em frente. Simplesmente proibi-los de ter relações sexuais não resolverá o dilema que os jovens enfrentam.

Primeiro, lembre-se de que a mesma adolescência que estimula seu filho ou sua filha é a que gera insegurança. Portanto, esse desejo que a eles parece incontestável possivelmente é vulnerável. E está apenas à espera de bons argumentos para não ser realizado.

Segundo, faça-os saber que desejar não significa dever. Porque desejos têm preços que talvez não estejamos em condições de pagar — podem se transformar em dívidas.

No caso de relações sexuais em idade precoce, há a probabilidade de o jovem não estar emocionalmente preparado para essa iniciação. Ou de não ter domínio sobre os riscos à saúde que assume. Ou não estar consciente da necessidade de respeito que deve ter com o parceiro — a relação sexual, lembre-o, não é um ato unilateral.

> [...] desejar não significa dever. Porque desejos têm preços que talvez não estejamos em condições de pagar — podem se transformar em dívidas.

A criação de um espaço de diálogo para que essas ideias sejam tratadas é fundamental para que você permita que seus filhos façam a escolha mais apropriada em relação ao momento, à parceria e ao contexto da iniciação sexual. Tomar decisões entendendo esses limites nos direciona para um ambiente mais saudável do ponto de vista moral e ético. Sexual também. Porque as escolhas definem nosso caráter.

A conversa não é fácil. Eu sei bem disso.

Meus pais jamais falaram comigo sobre o assunto. Um fugia do tema como o diabo da cruz, o outro preferia as indiretas como pedagogia. "Abre o olho. Criança que faz criança não é mais criança" — eu ouvia da minha mãe com frequência. Quase sempre às vésperas de iniciar um novo relacionamento amoroso ou momentos antes de sair de casa com a namorada.

Nos vídeos apresentados em sessões especiais no colégio, o sexo era relacionado a doenças transmissíveis, geralmente ilustradas por imagens aterrorizantes, bem distante do prazer que garotos e garotas "mais experientes" diziam sentir. Uma contradição que mais atrapalhava do que ajudava a esclarecer.

Boa parte de nós foi criada na companhia de tabus e preconceitos; e influenciada por questões morais e religiosas, a partir da formação que recebemos em nossa família. Isso fez a abordagem do tema da sexualidade ser constrangedora, além de complexa — graças a suas diferentes nuances. Abster-se dessa discussão, porém, não deveria estar no elenco de possibilidades com as quais contamos no desenvolvimento de nosso relacionamento com os filhos.

É enorme, tanto quanto perigosa, a tentação de deixarmos o assunto seja tratado em outros fóruns, distante da sala da casa. Até porque, diferentemente da época em que fomos crianças, há uma quantidade incalculável de fontes de informação à disposição dos jovens quando o assunto é sexo. São canais que talvez pudessem supri-los de conhecimento, atender suas dúvidas e angústias. Outros que seriam suficientes para matar a curiosidade deles.

É só dar um Google? Não é bem assim.

Ainda haveria a hipótese de delegar à escola a educação sexual dos filhos — e esse é, sem dúvida, um fórum legítimo e apropriado para a discussão. Mas estaríamos novamente terceirizando nosso papel — entregando exclusivamente aos professores uma responsabilidade que é nossa.

Já no caso das demais fontes de informação disponíveis, sejam elas quais forem, arriscam a segurança de nossos filhos.

> **É PROIBIDO CALAR! ENTÃO FALE AOS SEUS FILHOS.**
>
> **No namoro**
> 1. Não é não.
> 2. Respeite o desejo do outro.
> 3. Beijo não se rouba.
> 4. Sexo não é brincadeira.
> 5. Use camisinha.
> 6. Mentira não é legal.
> 7. Parceiro não é propriedade.
> 8. Um tapinha só destrói.

DEVER E RESPONSABILIDADE

A boa notícia — e os jornalistas gostam de boas notícias, acredite — é que essa conversa sobre sexo e sexualidade não começa com foco no tema. É construída a partir de valores que apresentamos a nossos filhos, que ajudam no desenvolvimento ético-moral deles e influenciarão as escolhas que eles farão nas diversas experiências ao longo da vida: nos relacionamentos sexuais, nas realizações profissionais ou qualquer que seja o campo de atuação.

Um desses valores é o senso de dever, que deve se sobrepor ao prazer.

O distanciamento dos pais na educação dos filhos — e inúmeros são os fenômenos da modernidade que nos remetem a essa situação — tem levado muitos de nós a evitarmos contrariar as crianças. Deixamos de cobrar respeito aos outros, temos medo de determinar tarefas a serem cumpridas e aceitamos que não façam a lição de casa pelo simples fato de não estarem a fim, por exemplo. *Fico tão pouco tempo com o rebento, não vou me indispor nos poucos minutos em que compartilhamos o mesmo espaço* — pensa o pai. Deixe-o fazer o que está a fim, seja lá o que for.

Soma-se a isso o fato de as coisas de uma maneira geral estarem muito mais acessíveis. Um brinquedo no passado era peça rara e reservada às datas comemorativas. Atualmente, a disponibilidade desses produtos é muito maior, além de serem mais baratos. Portanto, pagar nossa ausência com brinquedos e prazeres está bem mais fácil — o que não significa que seja efetivo.

Com essas práticas ensinamos que os filhos tudo podem e nada devem.

Realmente, podem cada vez mais. As possibilidades são inúmeras se comparadas às que tínhamos quando éramos crianças. O fato é que, assim como podem cada vez mais, os jovens têm cada vez mais deveres também. Senão, o jogo fica desigual e a injustiça se faz.

O senso do dever tem de ser estimulado desde pequeno, demonstrando que há coisas que precisam ser feitas ainda que não sejam de nosso agrado. Nós, pais, somos o melhor parâmetro disso para nossos filhos — passamos o tempo inteiro enfrentando esse tipo de situação na vida pessoal e na profissional.

Para que ganhemos reconhecimento e valorização no trabalho que realizamos, muitas vezes temos necessidade de realizar funções que não são prazerosas. Ou vai me dizer que adora as reuniões de planejamento na sua empresa? Para não citar outros compromissos piores.

> O distanciamento dos pais na educação dos filhos — e inúmeros são os fenômenos da modernidade que nos remetem a essa situação — tem levado muitos de nós a evitarmos contrariar as crianças.

Mesmo em família, deparamos com esse dilema. Afinal, nem só de prazer vive um casamento, e nenhum filho deve crescer sob a ilusão de que na união conjugal não há desentendimentos. Claro que existem! Somos seres únicos, que nos unimos a despeito de nossas diferenças. Há dificuldades que precisam ser encaradas, divergências a serem discutidas e sentimentos nem sempre correspondidos. A riqueza da vida conjugal é saber que pelo amor superamos tudo isso, pois, além do próprio amor, essa vida se baseia em valores relacionados à ética, como o respeito, a justiça e a fidelidade.

É nosso dever ético pelo compromisso assumido com o cônjuge e com a família administrar essas situações para que possamos aproveitar os benefícios de um relacionamento amoroso. Uma situação que claramente mostra que dever e prazer não são inimigos — são complementares.

Se você não permitir que seu filho enxergue os deveres que tem como filho ou os deveres que tem como indivíduo que vive em uma sociedade, ele crescerá sem entender seu papel diante dos outros. Crescerá na ilusão de que todos devem a ele e ele não deve a ninguém.

Se você não permitir que seu filho enxergue os deveres que tem como filho ou os deveres que tem como indivíduo que vive em uma sociedade, ele crescerá sem entender seu papel diante dos outros. Crescerá na ilusão de que todos devem a ele e ele não deve a ninguém. A dor será inevitável assim que a realidade do cotidiano lhe for apresentada.

Ao contrário, ao apresentar deveres ao seu filho, mostrar a ele que algumas funções são necessárias para nosso desenvolvimento e que o nosso crescimento somente ocorrerá mediante determinadas condições, a tendência é que você esteja formando um cidadão capaz de perceber que o senso do dever prevalece sobre seus desejos. E, ao agir dessa maneira, é possível encontrar o prazer ao cumprir o dever.

Atenção redobrada com o que podemos entender por recompensa ao dever cumprido. O dever não se realiza em troca de algo externo. Não terá qualquer sentido diante de máximas que povoam o diálogo de algumas famílias: troco seu celular se passar por média este ano; banco a viagem ao exterior se você entrar na faculdade; carro novo na garagem assim que você se formar. Na melhor das hipóteses, chamamos isso de barganha — ao extremo, de suborno, corrupção ou chantagem. Não tem nada a ver com senso de dever e formação ética.

Veja que evitei relacionar as palavras *dever* e *obrigação*, porque, se a intenção é a busca de um comportamento ético, o caminho não é fazermos algo porque somos obrigados — mesmo que a coerção possa ser pedagógica se soubermos usá-la para nos desenvolvermos como seres humanos. Nem fazer algo porque somos pagos, premiados, corrompidos ou chantageados a fazê-lo.

O ideal é que o dever seja algo que se satisfaça em si mesmo, portanto, que seja fiel à essência daquele que o exerce. Temos de fazer aquilo que corresponde à natureza humana. Por exemplo, no caso dos pais, educar os filhos, pois somos responsáveis por eles.

O senso de dever é seguido pelo senso de responsabilidade. Que pode ser em relação aos seus atos, a sua formação ou a terceiros.

Da mesma forma que precisamos mostrar aos nossos filhos que existem tarefas a serem realizadas na busca de fazer o certo, no momento certo e da maneira certa, é fundamental mostrar a eles que, sempre que tomamos uma decisão ou fazemos uma escolha, temos responsabilidade sobre esse ato.

Minha mãe costumava dizer que dinheiro não nasce em árvore. Era a maneira dela de nos chamar atenção para a necessidade de economizarmos todo recurso possível e preservar o que tínhamos em casa. Das roupas que vestíamos aos brinquedos que ganhávamos. Do alimento que não podia ficar sobrando no prato aos móveis que usávamos.

Uma boa oportunidade de desenvolver o senso de responsabilidade é mostrar aos filhos que todo ato tem uma consequência: eles precisam saber que a torneira aberta jorrando água ou a luz que esquecem acesa no quarto com frequência têm

[...] ao apresentar deveres ao seu filho, mostrar a ele que algumas funções são necessárias para nosso desenvolvimento e que o nosso crescimento somente ocorrerá mediante determinadas condições, a tendência é que você esteja formando um cidadão [...]

impacto na vida das pessoas. O impacto pode ser financeiro, pois a conta vai chegar no fim do mês mais alta e o dinheiro gasto fará falta para outras atividades. E pode ser ambiental, pois a água que corre na pia não é "fabricada" na torneira, assim como a energia elétrica que mantém a luz acesa não é "criada" na tomada de casa. Elas vêm da natureza, e, se não forem usadas conscientemente, nos faltarão bem antes do que imaginamos.

Ao menos nesses casos o trabalho atualmente está mais fácil para os pais. Hoje as crianças são muito mais sensíveis às questões ambientais do que a maioria dos adultos. Como o tema foi tratado com maior intensidade nos últimos anos devido à escassez de recursos naturais e a própria escola se envolveu mais diretamente no assunto, nossos filhos acabaram desenvolvendo uma consciência ambiental que não nos parecia necessária quando éramos pequenos.

> Da mesma forma que precisamos mostrar ao nosso filho que existem tarefas a serem realizadas na busca de fazer o certo, no momento certo e da maneira certa, é fundamental mostrar a ele que, sempre que tomamos uma decisão ou fazemos uma escolha, temos responsabilidade sobre esse ato.

Essa nova visão de mundo pode ser percebida nas crises energéticas e hídricas que enfrentamos nas últimas décadas no Brasil. Muitas crianças se transformaram em vetores da mudança de hábito ao cobrar dos pais e parentes medidas que nos levassem a economizar luz e água e preservar o meio ambiente — era o senso de responsabilidade que se revelava.

Para a formação dos nossos filhos, podemos ir além.

Ouvi recentemente uma moça, que já passou da fase de adolescência, está formada e atuando no mercado de trabalho, reclamando que até hoje é cobrada pela mãe porque no passado, quando era criança, não teve o devido cuidado em relação a um animal de estimação. Esse comportamento — a falta de cuidado — acarretou problemas de saúde ao bichinho, que acabou morrendo. Foi uma lição dura que a garota, agora nem tão mais garota, aprendeu. Uma lição que talvez não precisasse mais ser lembrada pela mãe, mesmo porque o passado já foi suficientemente pedagógico — e, como já vimos no capítulo "Sermos nós", insistir na cobrança de erros anteriores ou julgar a pessoa por fatos do passado tende a ajudar pouco na solução de questões do presente. Contamina-se o diálogo e, por consequência, o ensinamento.

Trago esse caso para a nossa conversa porque é um bom exemplo de como é possível de maneira simples desenvolver desde criança o senso de responsabilidade que deve nos guiar. Convidar seu filho a cuidar de um animal de estimação, mostrar a necessidade de alimentá-lo de forma correta e controlada, dar o carinho devido e disciplinar o bichinho em relação a seus hábitos, é uma excelente forma de ensinar para a vida. Ajude-o a entender que o animal não é sua propriedade — pois não somos donos de ninguém —, mas sim que é sua responsabilidade. Faça com que seu filho se comprometa com essas tarefas e o acompanhe de perto para alertá-lo sobre como ele age em relação ao seu animal de estimação.

> Uma boa oportunidade de desenvolver o senso de responsabilidade é mostrar ao seu filho que todo ato tem uma consequência.

Lembre-se de que estamos falando de duas formas de vida que estão se iniciando, e você, como pai ou mãe, tem responsabilidade por ambas. Portanto, não basta dizer "toma que o filho é seu" e não orientá-lo e observá-lo. A educação plena exige essa proximidade.

Seja no cuidado de um animal de estimação, seja na preservação da natureza ou na maneira de usar seus bens — independentemente da situação em que estiverem inseridos, precisamos mostrar aos nossos filhos que seus atos impactam a vida de terceiros. É aqui, especialmente, que o senso de responsabilidade tem de prevalecer, pois, como já falamos, a ética é a arte da convivência.

Se o senso de dever é fazer aquilo que tenho de fazer sem a obrigação de fazer, o senso de responsabilidade é fazer aquilo que tenho de fazer sabendo das consequências desse feito.

Retomando o tema que nos encaminhou a discutir sobre os valores que apresentamos aos nossos filhos e como esses valores os ajudam a tomar decisões diante das questões mais complexas que encontrarem no seu caminho, veja que desenvolver os sensos de dever e responsabilidade os ajudará a fazer a melhor escolha diante de situações complexas como a iniciação da vida sexual. Conforme o jovem desenvolva essas virtudes, ele perceberá que o ato sexual não se trata apenas de seu desejo e prazer, mas dos desejos e prazeres de outra pessoa — a sua parceira ou parceiro em potencial. Que essa não é uma decisão que caberá apenas a ele, pois terá impacto sobre a vida de outros, sobre os quais ele tem responsabilidade.

Ao mesmo tempo, consciente de seu dever e responsabilidade, esse menino ou menina se sentirá fortalecido para suportar as pressões que costumam ocorrer a partir de amigos, colegas ou outro alguém que necessariamente não comunga dos mesmos valores. Ele ou ela ganhará independência; terá liberdade para decidir; para deliberar sobre seus atos — seja quando falamos de sexo, seja quando falamos de drogas, álcool e outras questões que tanto nos angustiam.

Reforço a ideia tratada no início deste capítulo: isso é crucial e libertador na relação entre pais e filhos. Como é impossível controlar a vida deles todo o tempo e em todo o lugar — e ainda bem que não temos essa capacidade —, o melhor que podemos fazer é nos esforçarmos para criar um ambiente regido por padrões éticos e morais. Proporcionar um cenário de convivência no qual a justiça prevalece é oferecer aos filhos o poder de fazer as melhores escolhas.

JUSTIÇA SEJA FEITA

Falamos até aqui sobre os sensos de dever e responsabilidade. Poderíamos incluir neste arcabouço ético, que é fundamental na educação dos nossos filhos, os sensos de comprometimento, limite e consideração. O certo é que é o conjunto dessa obra que escrevemos em parceria com nossos filhos, diante das inúmeras experiências que vivenciamos e perante a subjetividade das escolhas que precisamos fazer, nos direciona àquela que é considerada a mais completa das excelências, como ensinou Aristóteles: a justiça.

No fim das contas, é o que temos de almejar.

Que nossos filhos tenham capacidade de deliberar sobre como agir diante das circunstâncias e das pessoas.

Que as escolhas que eles façam sejam escolhas justas.

Que resultem em decisões que estejam de acordo

> Ser justo é saber identificar o que a situação exige de você, pai, mãe ou filho.

com aquilo que se espera que alguém justo realize.

Que essa justiça leve em consideração a circunstância em que se realiza.

Que todos, inclusive eles mesmos, tenham o que lhes é devido.

Ser justo é saber identificar o que a situação exige de você, pai, mãe ou filho.

Justiça aqui não se refere apenas ao que está escrito na lei.

Aliás, há leis que não são justas. Foram criadas pelo homem, portanto podem ter sido malfeitas. Essa é uma verdade da qual não podemos fugir. Longe de mim defender a ideia de que a lei tem de ser desrespeitada por quem não concorda com seu texto. Muitas vezes o meu interesse individual pode não estar sendo atendido, mas é preciso respeitar o interesse coletivo. Agora, assim como há leis que garantem direitos, há outras que geram privilégios. Desrespeitá-las não é o que se espera da pessoa justa — contestá-las, sim. Leis que geram distorções devem ser questionadas, e existem fóruns e meios apropriados para isso. Explorá-los é a maneira justa de combater o que consideramos injusto.

É muito comum estarmos diante de circunstâncias em que baseamos nossa decisão apenas no que está escrito na lei.

Uma hipótese: a Câmara Municipal modifica a lei de zoneamento no seu bairro, pressionada por interesses imobiliários e comerciais, sem levar em consideração o impacto ambiental que será provocado pela construção de imóveis maiores, a redução da área verde e o aumento no fluxo de automóveis e ônibus. Com a nova lei, liberou geral.

Você está consciente dos prejuízos, inclusive se colocou contra as mudanças durante a discussão que ocorreu na cidade, pois estava interessado em preservar o ambiente urbano no qual vive. Porém, a nova norma já está em vigor e, diante do decidido, por maioria de votos, você pode se beneficiar dela, ampliar o número de cômodos na casa, construir um andar a mais, aumentar o valor do seu imóvel e oferecer mais espaço e conforto para sua família. Basta derrubar as árvores que estão no entorno do terreno — a nova lei permite.

Aproveitar-se dessa situação é uma decisão justa?

Com certeza é legal.

Mas o que se espera, nessas circunstâncias, de uma pessoa justa?

Outra hipótese: sua empresa fabrica um produto que, se manipulado de maneira errada, pode causar ferimentos nas pessoas. Estão lá no manual de instrução os alertas, conforme determina a lei. Um dispositivo que elimina esse risco surge no mercado e poderia ser usado no produto que você fabrica.

O problema é que, para incluir o item de segurança, haverá necessidade de mudança nos procedimentos internos da sua fábrica, com impacto no custo. O produto ficará mais caro e há risco de seu faturamento ser reduzido. Como o órgão regulador ainda não emitiu qualquer norma que o obrigue a instalar aquele equipamento de segurança, a decisão fica por sua conta: aumenta o preço e reduz o risco? Ou mantém o preço e o risco?

Aproveitar-se dessa situação é uma decisão justa?

Se o alerta está no manual e a norma não está escrita, é legal deixar como está.

Mas o que se espera, nessas circunstâncias, de uma pessoa justa?

Antes de justificar uma decisão com base no que é legal, pense se para você é moral. Pense se essa decisão atende a seus princípios éticos ou se você está apenas usando o texto jurídico para esconder a falta de escrúpulos.

Outra forma de avaliar se nossas escolhas são justas é nos colocarmos do outro lado da questão e tentarmos entender qual seria a nossa reação diante daquela decisão tomada.

Lembre-se de que somos responsáveis por nossos atos, e esses atos têm consequências. Entender como se sentirá aquele que sofrerá as consequências de nossos atos ou aquele que se beneficiará das consequências de nossos atos é fundamental. Por isso, exercitar o senso de responsabilidade para alcançarmos a justiça é preciso.

Um dos cenários mais comuns no qual deparamos com esse dilema é no trânsito, quando exercemos o papel ora de motorista, ora de ciclista, ora de pedestre. Conforme o personagem que protagonizamos e a circunstância que vivenciamos, tendemos a fazer nossas escolhas — sempre, claro, baseadas no senso de justiça.

Ao conduzir seu carro e verificar que um pedestre está atravessando a rua fora da faixa de segurança, parece justo reclamar dele pela imprudência e pelo descumprimento da lei, reclamação que costuma se expressar no barulho da buzina — às vezes acompanhada de um xingamento.

Deixando o carro em casa e seguindo seu caminho a pé, precisando chegar o mais breve possível até o destino do outro lado da rua, atravessar fora da faixa de pedestre que está distante ou mal sinalizada lhe parece o mais justo. Logo você imagina que, graças ao bom senso, o motorista enxergará você e reduzirá a velocidade. Se isso não acontecer, a injustiça proporcionada pelo motorista será revelada aos gritos e palavrões — desta vez de autoria do pedestre.

No outro dia você resolve andar de bicicleta e, com todo o direito que os ciclistas têm, circula nesse mesmo cenário quando, então, presencia a injustiça do motorista que não lhe dá o devido espaço na faixa de rolamento e do pedestre que não entende que, às vezes, por segurança, é preciso pedalar na calçada.

Quanta injustiça em um só palco da vida!

Por trás da dificuldade de personagens de uma mesma história em agir de maneira justa está o fato de, na maioria das vezes, entendermos como justo aquilo que nos convém. Aquilo que nos oferece alguma vantagem. Com esse viés egoísta a convivência se torna insuportável.

Qual seria a melhor saída para ninguém se sentir injustiçado?

> **Lembre-se de que somos responsáveis por nossos atos, e esses atos têm consequências. Entender como se sentirá aquele que sofrerá as consequências de nossos atos ou aquele que se beneficiará das consequências de nossos atos é fundamental. Por isso, exercitar o senso de responsabilidade para alcançarmos a justiça é preciso.**

Ou qual seria a melhor saída para todos perceberem que a justiça se realizou?

A lei em vigor é sempre um excelente parâmetro — mas, antes dela, vem o bom senso. Entendendo bom senso como a qualidade que reúne as noções da razão e da sabedoria; as ações que são adotadas conforme as regras e costumes em determinado contexto. O indivíduo que usa o bom senso tem argumentos e atitudes considerados racionais para fazer julgamentos e escolhas — de acordo com os padrões morais de uma sociedade.

Considerando o exemplo acima, de convivência no ambiente urbano, se tivermos noção do risco que corremos e de quem tem maior potencial de colocar o outro em risco, a tendência é que o motorista se sinta responsável pela segurança dos elementos mais frágeis daquela cena. Portanto, ao estar na condição de motorista, sua responsabilidade em relação ao ciclista e ao pedestre é maior. Da mesma maneira o ciclista em relação ao pedestre.

Descrito assim, haverá alguém que imagine que o pedestre não tem nenhuma responsabilidade em relação ao motorista e ao ciclista porque ele é o mais frágil nesse ambiente — ledo engano.

Nenhuma pessoa com o mínimo de sensatez vai se colocar propositalmente em risco e esperar que os outros se responsabilizem por sua segurança. Além disso, é certo que em um espaço de convivência somos todos responsáveis uns pelos outros. É o que se espera da vida em sociedade.

O bom senso me permite entender que a justiça não se faz apenas quando os meus interesses são atendidos.

Se vivo em um condomínio e prefiro jogar tênis a futebol, posso reivindicar a construção de quadras de tênis. Se os demais condôminos decidirem pelas quadras de futebol, não devo me sentir injustiçado. O interesse coletivo se sobrepõe ao individual.

O bom senso resulta da sabedoria e da razoabilidade, que nos capacitam a tomar decisões mais acertadas conforme a situação. É a busca do meio-termo, considerado o ponto central da conduta ética.

Lembra do "Filho meu não traz desaforo para casa"?

Tem tudo a ver com essa discussão do senso de justiça.

Imagine se todos os filhos de todos os pais resolvessem não levar desaforo para casa. Haveria mais ou menos justiça no mundo? A barbárie estaria instalada, não tenho dúvida.

O conceito de justiça está ligado a essa ideia do coletivo, do impacto provocado por uma regra quando aplicada universalmente ou para as demais pessoas a sua volta. Trabalhar com essa lógica nos ajuda a refletir se estamos ou não sendo justos — e, pelo significado deste tema, voltaremos a tratar do senso de justiça no capítulo "Ser cidadão", quando vamos conversar sobre como podemos ser construtivos na formação de nossos filhos, inclusive a profissional.

ENTRE AMIGOS

Em casa, sempre ouço minha mulher recomendando aos meninos, enquanto se preparam para passear com os amigos, que antes de fazerem qualquer escolha que seja pensem se aquela escolha orgulharia a eles e a seus pais — ou se os envergonharia.

> **O bom senso me permite entender que a justiça não se faz apenas quando os meus interesses são atendidos.**

A intenção é fazê-los pensar sobre as decisões que tomam, por mais simples que sejam. É lembrá-los de que os atos têm consequências, e que essas devem ser levadas em consideração. A inconsequência de uma medida adotada pode ser irreversível, mesmo que não haja nela a má intenção.

Pode ser em relação ao local que pretendem frequentar ou à bebida que vão consumir. Pode ser na atitude que adotarão diante de um convite, de um prazer ou de uma violência. Pode ser em qualquer das diversas oportunidades em que uma escolha se faça necessária.

A proposta de reflexão é um alerta que ela costuma fazer, porque logo em seguida eles estarão pegando o rumo da rua ao lado de seus amigos — e com eles se vai a ideia de controle e proteção que alimentamos. Ela, assim como eu, sabe que lá fora não temos como agir para protegê-los dos perigos externos e deles mesmos. Nossa ação tem de ser preventiva e estruturada na educação que oferecemos.

Se o seu filho ou filha cresce onde há justiça, bom senso e ética, tende a responder às questões da mesma forma: justa, equilibrada e correta. Isso vai influenciar na formação do seu grupo de amigos. Aquele que foi criado em um contexto com essas

> **O bom senso resulta da sabedoria e da razoabilidade, que nos capacitam a tomar decisões mais acertadas conforme a situação. É a busca do meio-termo, considerado o ponto central da conduta ética.**

virtudes tem mais condições de encontrá-las nas pessoas de sua convivência.

É na amizade que sobressaem os valores que ajudamos nossos filhos a adquirir. É na relação com os amigos

> O conceito de justiça está ligado a essa ideia do coletivo, do impacto provocado por uma regra quando aplicada universalmente ou para as demais pessoas a sua volta.

que eles se revelam, pois será provavelmente, fora o núcleo familiar, o primeiro grupo social com o qual vão interagir e com o qual vão exercitar suas virtudes.

Para entender o comportamento deles nesses relacionamentos é preciso lembrar que são adolescentes; são jovens em formação, o que explica a instabilidade emocional; que buscam identidade própria, querem ser adultos sem ainda sê-lo, não querem mais ser crianças, apesar da imaturidade; que sinalizam o desejo de se afastar dos pais para ganhar autonomia e têm nos amigos um ponto de apoio importante nessa etapa da vida.

Com os amigos, eles ensinam e aprendem. Trocam experiências e se arriscam em vivências inéditas. São capazes de confidências jamais expressadas dentro de casa, pois têm confiança diferenciada daquela que mantêm com os pais. Histórias que fluem mais facilmente quando o interlocutor é alguém igual a ele — ou aparentemente igual a ele. Alguém que divide os mesmos prazeres, as mesmas angústias e dúvidas — ou que parece dividir os mesmos prazeres, as mesmas angústias e dúvidas.

Faço as ressalvas porque é muito comum amizades surgirem com a mesma rapidez com que desaparecem. Os pais às vezes se assustam com a inconsistência dessas relações. Preocupam-se com o fato de os filhos não manterem vínculo de permanência com os outros e — sempre abertos a aceitar qualquer que seja a teoria da conspiração — passam a investigar algum problema de personalidade ou formação.

Lá em casa, muitos amigos passaram, de outros apenas ouvi falar, e certamente houve alguns de cuja existência jamais saberei. Eram amigos inseparáveis que sequer entraram na lista de convidados da festa no mês seguinte. Essa imprevisibilidade não é um mal a ser curado: é parte da fase que estão vivendo.

Os relacionamentos surgem a partir de uma identificação logo nas primeiras conversas no recreio da escola, na mesa de bar ou nos espaços digitais. São os gostos musicais ou animes preferidos, assim como os vídeos do youtuber da moda ou os personagens de jogos eletrônicos. Falam de pessoas em comum, desejos em comum e problemas em comum.

Esse elenco de temas aproxima os jovens — e o fato de compartilharem tanto cria a sensação de uma amizade eterna, frenética. Contudo, as amizades são feitas de camadas, e, à medida que sentimos necessidade de aprofundá-las, ir além daquela camada superficial, começamos a exigir um pouco mais do amigo em questão. É quando as primeiras diferenças aparecem. Algumas podem ser contornáveis e até complementares, o que fortalece o relacionamento. Outras são definitivas, e o afastamento, inevitável.

Precisamos entender, também, que existem diferentes graus e características de amigos. Porque algumas amizades surgem por interesses muito específicos. É o trabalho que precisa ser feito em grupo na sala de aula e gera vínculo entre eles. Podem ser os colegas que fazem parte do time de basquete. Ou são os amigos da comunidade.

Como se vê, há casos em que a relação ocorre porque propicia algum benefício a alguém ou pela necessidade de atuar em grupo. Há um interesse imediato que pode desaparecer assim que a causa for alcançada — o trabalho entregue, o fim do ciclo escolar ou o término da competição, apenas para ficar nos exemplos citados no parágrafo acima. Com o fim do interesse, encerra-se o vínculo.

O espaço geográfico determina a amizade, também. Ao sair da escola, do prédio, do bairro ou da cidade, essa relação pode ser deixada no endereço antigo.

A amizade engrandece quando esses relacionamentos são levados para fora da fronteira que demarcou a motivação inicial. Havia um interesse, propiciou-se um prazer e, finalmente, se descobriram em suas virtudes — essa é a razão que nos estimula a cultivarmos o relacionamento, mesmo que cada um tome um caminho após se formar na escola, que nunca mais dividam o mesmo espaço no campo esportivo ou que se mudem para longe.

A distância e os compromissos não são suficientes para afastar amigos verdadeiros, independentemente dos motivos que os uniram. Digo isso porque há quem prefira caracterizar uma relação genuína pela convivência apenas pelo que uma pessoa pode oferecer de melhor à outra, não pelo que a outra tem, pela posição que ocupa ou pelo que pode dar em troca, além da amizade em si.

Acredito muito na ideia de que a amizade pode se iniciar pelo interesse ou pelo prazer sem perder as condições necessárias para que se transforme em um relacionamento verdadeiro. Dependerá da maneira como ambos se comportam e se aceitam diante das igualdades e divergências — e, especialmente, como respeitam as experiências individuais de cada um e vivenciam os bons e os maus momentos. Uma convivência que se torna possível quando há generosidade e confiança mútua, atributos essenciais para manter uma amizade.

Na experiência que tive com meus filhos, uma constatação foi que os amigos têm espaços específicos para exercitar essa amizade; e saber identificar as fronteiras que separam esses espaços ajuda a preservar a relação.

Um exemplo: o amigo do peito nem sempre é o cara legal para estar no grupo de estudos da escola. Por mais próximo que sejam um do outro, o amigo não tem o mesmo engajamento no grupo, não realiza as tarefas com a disciplina necessária e deixa a desejar no desempenho, podendo prejudicar a avaliação de todos — e, como consequência, a amizade.

Vale aqui a mesma regra que devemos ter em outros aspectos da vida, como as relações profissionais, onde necessariamente o melhor amigo não é o cara ideal para ser seu sócio ou para trabalhar na mesma equipe. Amigos, amigos, estudos à parte!

Fazer essa distinção é sinal de inteligência no fortalecimento das relações de amizade. Um excelente sinal.

Observar como seu filho ou filha se relaciona com os amigos é uma boa maneira de saber qual foi o resultado da educação que você ofereceu. A tendência é que ele ou ela reconheça no amigo os mesmos valores com os quais foi criado — e encontre nele alguém com caráter semelhante. Especialmente se os ambientes que frequentar forem coerentes com o modelo de vida que vocês construíram juntos. Haverá uma inclinação "natural" a se aproximar daqueles que compartilham as mesmas virtudes. É mais fácil encontrarmos e dividirmos experiências com pessoas que pensam e agem como nós.

É excelente se o roteiro for seguido dessa maneira, pois sabemos que todos os relacionamentos, dentro e fora da família, na escola ou no trabalho, na praça do bairro ou nas redes sociais, influenciam a formação do jovem. Uma vez que sua relação é com pessoas que comungam dos mesmos valores éticos, esses valores se fortalecem.

No entanto, a vida não funciona assim. Na caminhada solo de nossos filhos há uma quantidade enorme de oportunidades para que eles encontrem pessoas que vivam e pensem de maneira diferente. Pessoas com quem precisarão se relacionar por motivos profissionais ou pessoais, que talvez sejam tão ou mais convincentes do que nós nos argumentos usados para defender suas ideias. Além daqueles que apenas vivem e pensam diferente, haverá aqueles de caráter questionável, de índole duvidosa e com intenções das piores possíveis.

Parece ameaçador, sem dúvida — é a vida como ela é. Como não podemos nem devemos fugir dessas situações, mais uma vez se valoriza a educação que seu filho ou filha recebeu.

Com as diferenças, ele e ela crescem e aprendem a respeitar o contraditório. Diversificam seu conhecimento.

Com as maldades, eles amadurecem e aprendem a proteger a si e aos que dependem deles. Ao mesmo tempo que reforçam sua visão sobre o valor de fazer o bem, o justo e o ético.

Em um caso e em outro, é a formação ético-moral de seu filho que prevalecerá diante desses desafios do cotidiano —

e ele haverá de responder à altura, com coragem e equilíbrio, pois foi educado para isso.

Conhecer o núcleo de relacionamento de seus filhos é muito importante. Isso inclui conhecer os pais dos amigos e amigas deles. São informações que ajudam você a entender como se comportam e o que pensam aqueles que vivem no entorno dos seus filhos. Além de oferecer argumentos para tomar decisões corriqueiras, especialmente quando ainda são crianças, como permitir ou não que durmam fora de casa. É preocupante deixar que seus filhos frequentem uma casa da qual não se têm referências, pois os valores que regem aquela família talvez sejam contrários aos que você prega.

Existem pais negligentes, que não impõem regras e mal sabem como seus filhos se comportam dentro de casa, pois têm mais o que fazer. Ou pais que, mesmo estando ao lado deles, os deixam por sua conta e risco. Assim como há pais permissivos, com quem a convivência pode ser superagradável. Ele é um cara legal, que tudo faz e tudo deixa, para alegria geral da nação. Seus filhos, educados em outros parâmetros, talvez até se sintam mais livres na casa dos amigos e das amigas, mas a relação não será saudável para a formação deles.

Por outro lado, nunca entendi direito a postura de alguns pais que se incomodam com a presença frequente dos amigos dos filhos em casa. Reclamam que isso dá muito trabalho, além da responsabilidade que assumem, porquanto qualquer coisa que aconteça com algum deles vai recair sobre suas costas. Sempre defendi a ideia que, mantida a ordem e obedecidas as regras da casa, quanto mais próximos os amigos, melhor. Isso torna mais fácil saber quem é quem, o que pensam, como se comportam e qual influência podem ter sobre seus filhos.

Tão importante quanto estar próximo do núcleo de amigos dele é respeitar esse grupo, compreender que os filhos têm direito a intimidades que não são compartilhadas com os pais. Existem assuntos que os jovens preferem falar entre eles, segredos que poderão até ser divididos com você, mas não naquela circunstância. Em lugar de arrombar a porta para se intrometer na relação deles, deixe a sua entreaberta para recebê-los quando sentirem necessidade e a confiança for maior.

Quanto mais seguros os amigos de seus filhos se sentirem com a sua presença, maior o comprometimento deles com os valores que você defende. No mínimo, será maior o constrangimento deles ao praticar atitudes que se contraponham às defendidas por você.

Como estamos tratando de amizade, preciso entrar em um tema que gera polêmica entre pais e educadores.

Podem ser os pais amigos de seus filhos?

Ouço muitos psicólogos e terapeutas alertarem para o fato de que pai é pai, filho é filho e amigo é outra coisa. Eles temem que, ao se misturarem os papéis, se possa desrespeitar a hierarquia que deve existir na família.

Justificam que o pai ou a mãe que privilegia a relação de amizade com o filho tende a ser liberal demais e a abrir mão de seus atributos paternos ou maternos. Faz esse caminho por considerá-lo mais fácil de ser percorrido, pois evitaria confrontos dentro de casa. Os focos de tensão são eliminados e os atos que deveriam ser punidos são tratados com parcimônia. Passa-se a mão na cabeça dos jovens e se aceita praticamente tudo sob a desculpa de que é assim mesmo que as coisas acontecem, afinal são adolescentes — quando crescerem, aprendem.

Os pais-amigos superprotegem os filhos-amigos, permitem tudo e a qualquer momento e criam a ideia de que a família vive de forma divertida e feliz — dizem os especialistas em relações humanas.

O resultado seria a formação de jovens imaturos, sem comprometimento com a vida e o futuro, sem disposição para enfrentar desafios e com dificuldade para superar reveses. Que, apesar de manterem habilidades sociais e facilidade para relações interpessoais, provavelmente teriam dificuldades no mercado de trabalho. Sim, pais superprotetores colocam no mundo filhos superfrágeis. Que não estarão prontos para encarar seus desafios. Se esse comportamento atender ao que você entende ser amizade, realmente ser pai-amigo ou mãe-amiga não é uma boa.

Agora eu faço outra pergunta: é possível ser pai sem ser amigo de seu filho?

Outra vez: depende do que você entende por amizade.

O amor dos pais pelos filhos é nutrido desde o nascimento.

Os filhos são parte de cada um de nós, por isso, inclusive, somos capazes de sofrer muito mais para recuperá-los de um mal que se encaminhe do que faríamos em relação a qualquer outra pessoa. Claro, refiro-me aqui a relações familiares cercadas pela normalidade. Há situações, infelizmente, de pais que negam os filhos seja por não terem vínculo com a mãe, por não aceitar aquela condição ou por ausência de caráter. Assim como existem mães que abandonam seus filhos. Há ainda os pais autoritários. Aqueles que educam a partir de regras extremas, tentam disciplinar à força e não aceitam argumentos — "Quem esse moleque pensa que é?". Ao agir assim, esse tipo de pai comporta-se com o intuito de oferecer o que entende ser o bem necessário: segurança e disciplina. Acredita que está preparando o filho para o mundo. É possível que o filho atenda à expectativa e os resultados apareçam nas notas, no desempenho esportivo ou no mercado de trabalho.

Desconfio, porém, que a ideia de alcançar resultados a qualquer custo esteja dissociada daquilo que tratamos no início deste capítulo: o compromisso ético que assumimos no momento em que nos tornamos pais; um compromisso que se sustenta em princípios e valores que têm como objetivo a busca do bem. Esse bem somente pode ser alcançado com base na moderação de nossos atos, na sabedoria das escolhas, na prática das virtudes, na justiça e no amor.

O pai que manda, desmanda e impõe limites na marra é provável que acredite piamente que assim está demonstrando amor pelo seu filho. Mas nessa relação não há espaço para o amor verdadeiro. Não há proximidade.

Os filhos aprendem a nos amar uma vez que passam a ter capacidade de avaliar as coisas com bom senso e clareza. Ou seja, à medida que crescem. Se crescem em um ambiente de distanciamento, perdem a noção do que é o verdadeiro amor. Obedecem como se obedece ao chefe no trabalho ou à autoridade policial na rua, mas não amam. Isso haverá de impactar sua formação, provocando insegurança, insensibilidade e frustração.

Como querer o bem de nossos filhos sem amá-los? Como amá-los sem cultivar amizade com eles?

> O pai-amigo ou o pai-verdadeiramente-amigo está distante dos extremos, pois não aceita a permissividade — a ideia de que seu filho tem todos os direitos e nenhum dever — nem o autoritarismo — que só é capaz de impor deveres, sem dar ao filho qualquer que seja o direito.

Para mim é muito clara a ideia de que, sim, temos de ser amigos dos nossos filhos — e a recíproca é verdadeira.

O amigo é generoso sem deixar de ser rigoroso. Da mesma maneira que está pronto para ressaltar seus méritos, é o primeiro a querer corrigir seus erros e apontar novos caminhos. Diz a verdade a você, porque sabe que a hipocrisia não o ajudará a crescer. Cobra respeito assim como respeita sua opinião. Ouve você sem julgá-lo, mas exige que seja escutado, porque sabe que isso é para o seu bem. Não quer a sua submissão. Quer convencê-lo pela razão.

Os pais-amigos ou os pais-verdadeiramente-amigos estão distantes dos extremos, pois não aceitam a permissividade — a ideia de que seus filhos têm todos os direitos e nenhum dever — nem o autoritarismo — que só são capazes de impor deveres, sem darem aos filhos qualquer que seja o direito.

O desafio é encontrar a dose certa desse remédio, porque dependerá muito do paciente. É o próprio pai ou a própria mãe que terá de saber a medida a ser aplicada, dimensionando-a conforme o comportamento e a personalidade do filho, de acordo com os sinais que ele lhe transmite a todo momento. Por isso, pais que estão mais próximos dos filhos e participam ativamente da educação deles tendem a encontrar essa resposta com mais facilidade.

Pais ativos influenciam positivamente o desenvolvimento social e emocional dos filhos. Pesquisadores suecos mostraram que essa atitude tem papel fundamental para reduzir problemas de comportamento e psicológicos, além de melhorar as habilidades cognitivas, como inteligência, raciocínio e linguagem — independentemente da renda familiar ou da condição de fragilidade social. Para chegarem a essa conclusão, a Dra. Anna Sarkadi e seus colegas do Departamento de Saúde da Mulher e da Infância da Universidade de Uppsala, na Suécia, analisaram 24 artigos médicos, publicados ao longo de vinte anos, que reuniam mais de 22.300 dados, em diferentes países, como Estados Unidos e Inglaterra.

> Os pais-verdadeiramente-amigos levarão à criação de filhos-verdadeiramente-amigos, o que resultará na formação de pessoas mais felizes, dispostas a fazerem o bem e mais preparadas para se relacionarem com outras pessoas. Alguém pronto a levar à frente seus princípios e valores éticos. Um verdadeiro cidadão!

É possível ainda encontrar estudos que detectam que pais que cobram o cumprimento de regras e monitoram as atividades dos filhos da mesma maneira que abrem espaço para dialogar, explicar suas razões, além de terem presença ativa na família, criam filhos com menor risco de enfrentar problemas como abuso de álcool e de outras drogas na adolescência.

Os pais-verdadeiramente-amigos levarão à criação de filhos-verdadeiramente-amigos, o que resultará na formação de pessoas mais felizes, dispostas a fazerem o bem e mais preparadas para se relacionarem com outras pessoas. Alguém pronto a levar à frente seus princípios e valores éticos. Um verdadeiro cidadão!

É PROIBIDO CALAR! ENTÃO FALE AOS SEUS FILHOS.

Na tecnologia
1. Controle o uso para não ser controlado.
2. Ao conversar com alguém, não olhe para a tela.
3. Se precisar acessar, peça licença.
4. Fale ao celular em voz baixa.
5. Ouça música e vídeo com fones.
6. No volante, o celular não é legal.
7. Proteja suas informações.
8. Não acesse sites e serviços proibidos.

7
SER CIDADÃO

Todos os pais que se prezam preocupam-se com o futuro de seus filhos. Podem ser autoritários, podem ser permissivos; podem participar diretamente ou os entregar para o mundo por sua conta e risco. Pode ser pelos meios certos ou errados. Tanto faz. Qualquer que seja a educação que você oferece, no fim das contas o que se quer mesmo é que as crianças tenham um futuro digno — seja lá qual for o conceito que você tenha dessa palavra.

Para mim, dignidade tem tudo a ver com a ideia de ser um cidadão — que é como identifico a pessoa que não aceita ser tratada como objeto e luta para ser sujeito no meio em que vive. O cidadão respeita o outro e se envolve nos embates para que o outro seja respeitado. Como protagonista no cenário em que atua, busca seus direitos e tem consciência do papel que exerce, portanto dos deveres que tem diante da sociedade — e isso se realiza em qualquer espaço: nas atividades escolares, no trabalho que exerce, na interação com seu grupo social ou nas ações que desenvolve dentro de sua comunidade.

Falarei mais sobre isso.

Antes, permita-me voltar à reflexão sobre nosso comportamento em relação ao futuro de nossos filhos.

É certo que, em algum momento, você pergunta a si mesmo: o que o meu filho será quando for gente grande?

Esse tipo de pensamento cria para nós uma tremenda armadilha — que abordei no capítulo "Ser filho, ser filha". E vou além agora. A tendência é que projetemos neles nossos desejos, mais do que os deles. O pai engenheiro imagina a filha engenheira; a mãe médica imagina o filho médico; o arquiteto, idem; a policial, também.

Há os que enxergam, no futuro, o filho realizando o que era o seu sonho. O comerciante que não conseguiu ser advogado é capaz de vê-lo na porta da faculdade de direito. O advogado frustrado investe na filha o que não pôde investir na própria carreira e quer torná-la o sucesso que ele não foi. O contador que adorava jogar no time do bairro faz o que pode para o garoto seguir carreira no futebol. Paga até "olheiro", acreditando que, apadrinhado, o menino vai longe.

Com a maior das boas intenções, são todos pais querendo que os filhos tenham as oportunidades que eles não tiveram.

Já contei aqui sobre o desejo de minha mãe para que eu me transformasse em funcionário do Banco do Brasil, muito mais para oferecer segurança ao filho do que pela profissão em si. Meu pai, desconfio, gostaria de me ver jogando futebol mais do que como jornalista. Não que ter trilhado a profissão dele não o encha de orgulho até hoje.

O curioso nesta conversa toda é que, ao olharmos para a frente costumamos enxergar nossos filhos exercendo uma profissão em vez de praticando virtudes.

É cultural!

Crescemos ouvindo que o trabalho dignifica o homem, portanto, é de trabalho que precisamos para viver. O que está certo, pois é dele que se extrai a riqueza que nos sustenta. Mais do que isso: a partir dele, somos capazes de transformar a nossa realidade e a daqueles que estão ao nosso alcance. E assim damos sentido à nossa vida em sociedade. No trabalho revelamos nossa capacidade de produzir ou fazer alguma coisa, criar uma obra — isso nos engrandece como seres humanos.

Tudo isso faz parecer uma tremenda contradição quando ouvimos conversas no balcão da loja, no serviço de atendimento, no elevador da empresa ou nas salas de reunião dos escritórios. Com frequência encontramos profissionais entediados e sufocados com o que fazem. Ou com o que é feito com eles. Contam os minutos para ir embora, discutem a remuneração, reclamam das metas e estão muito mais preocupados com a folga que se aproxima do que com a entrega da tarefa que têm em mãos.

Fatores não faltam para explicar essa situação, a começar pela própria forma de produção que temos na maior parte dos setores da economia. O trabalho muitas vezes não é um projeto meu, mas algo a ser feito em nome de outro. Não me sinto proprietário da função que exerço e do produto que coloco no mercado. Isso é muito ruim.

O desenvolvimento tecnológico e a velocidade dos processos influenciam a disposição dos profissionais, também. Em muitos casos, pensa-se menos e trabalha-se mais — e demais. Somos muito mais Charlie Chaplin em *Tempos modernos*, despendendo tempo para a máquina, do que Santos

Dumont na criação do avião, ganhando tempo com a máquina. É uma distorção.

Essa insatisfação está relacionada à falta de um propósito no trabalho, que provoca a perda do seu significado. Descobre-se que não há salário mais alto no fim do mês capaz de nos remunerar, pois o preço que pagamos é a tristeza, o desânimo, o medo e o estresse.

Ao longo da carreira de jornalista, tive a oportunidade de entrevistar executivos muito bem-sucedidos, dentro daquilo que se padronizou como sucesso na área corporativa: cargo, poder, dinheiro, influência e liderança — incluindo vaga no estacionamento. Após frases otimistas e muito bem planejadas pelo setor de comunicação e marketing da empresa que representavam, bastava o gravador ser desligado para as inconfidências se iniciarem. Senhores, principalmente senhores, mas também senhoras poderosas, mostravam-se inseguros, questionavam suas conquistas e se sentiam isolados na altura do cargo que ocupavam. O dinheiro depositado na conta bancária, o carro blindado na garagem e a reverência de colegas de trabalho não os satisfaziam diante da ausência de um valor maior.

Para o alto executivo, para o funcionário no balcão de bar, para mim e para você, o que importa ou o que realmente deveria importar são os motivos que nos levam a fazer o que fazemos. A tendência é que saibamos bem o que fazemos; é provável que saibamos como fazemos — até porque é isso que nos dá condições de ocupar a função que ocupamos; mas a maioria de nós é incapaz de dizer por que fazemos o que fazemos.

Por dinheiro, responderá alguém.

> Quando o trabalho que realizo me realiza, isso significa que esse trabalho está em conjunção com o meu projeto de vida.

Resposta errada!

Como já vimos, o dinheiro nunca será suficiente para satisfazê-lo. Até porque, se você o tiver em abundância, trabalhar se torna irrelevante, já que para você o trabalho que realiza não tem significado. O significado está no dinheiro, não é mesmo?

O dinheiro é resultado do que faço, não a razão. Para fazer bem o que faço e para que o bem que faço me faça bem, preciso entender quais as causas e as crenças que me motivam. O que me realiza. E não apenas o que eu realizo.

Quando o trabalho que realizo me realiza, isso significa que esse trabalho está em conjunção com o meu projeto de vida. Ganha sentido e significado com aquilo que chamo de carreira de vida, que é a que trilhamos com ou sem crachá pendurado no pescoço. Que está vinculada ao nosso CPF e não ao CNPJ. Que nos permitirá ser feliz porque baseada na ética e na cidadania — não na conta bancária.

UMA NOVA PERGUNTA

Como a intenção é encaminhar seu filho para algo que o realize, primeiro precisamos nos libertar das emboscadas que nossa mente nos proporciona por insegurança, frustração ou comodismo. Ao tentarmos projetar o futuro de nossos filhos — e é legítimo que se faça isso, faz parte das nossas preocupações como pais — em lugar de nos perguntarmos o que eles serão quando forem gente grande, o que geralmente nos remete a responder o que nos deixará felizes que eles sejam quando forem gente grande, proponho que façamos um exercício diferente.

Pergunte-se: o que fará o meu filho ser feliz?

Entenda a felicidade aqui como algo muito superior à sensação de prazer que diversas atividades podem nos oferecer, como assistir a uma peça de teatro, participar de uma corrida de rua ou passear no parque. O estágio de felicidade que proponho para aquilo que se projeta para os nossos filhos é o de uma felicidade plena em que prazer, utilidade e o bem estejam de acordo.

Para pensarmos na felicidade que nossos filhos podem almejar, outras considerações precisam ser feitas para que não caiamos mais uma vez na tentação de satisfazer nosso desejo em lugar do deles.

Inicialmente, é preciso entender que as possibilidades de que seu filho dispõe são diferentes das suas. Ele está sendo educado em um novo mundo, e, pela rapidez com que as transformações ocorrem, outro mundo vai estar em desenvolvimento quando chegar a hora de ele trabalhar. Como pais, teríamos de fazer um exercício de futurologia, ir ao mais profundo rincão da ciência e do conhecimento para compreender quais funções e necessidades a sociedade demandará anos à frente para então termos a possibilidade de escolher a profissão que nossos filhos seguirão — ou para termos a pretensão de escolher essa profissão.

Estudos sobre gerações nos alertam a todo momento, com variações percentuais conforme a análise, para o fato de que boa parte das crianças que está se iniciando na escola agora trabalhará em uma profissão que ainda não foi inventada. Em 2017, a Dell Technologies, ao mapear o impacto que as novas tecnologias deverão ter na vida e no trabalho das pessoas na próxima década, identificou que aproximadamente 85% das profissões de 2030 ainda não existem. Portanto, como nós, diante dessa ignorância do que será o mundo logo ali na esquina, queremos determinar agora a função que será exercida pelos nossos filhos?

Podemos ir além nessa reflexão, ou pretensão.

Ao pensarmos na felicidade deles, precisamos considerar também que, se nós tivemos sonhos na adolescência e cultivamos outros sonhos a esta altura da vida, isso não nos dá o direito de sonhar no lugar dos nossos filhos.

Conhecemos muitos pais que sonham em ter um filho doutor, o que é curioso, porque o título muitas vezes é indevidamente concedido a qualquer função, tanto para juiz, médico, advogado, delegado, político e até para aquele patrão autoritário que exige assim ser chamado.

Que tipo de doutor você quer que seu filho seja?

Há pais que querem que seu filho seja gente importante, e isso, imagino, tem a ver com o cargo que ocupará e a quantidade de pessoas que se submeterá a ele. Deve ser o cara que manda prender e arrebentar. Ou o que contrata e demite. Sei lá! O que importa é ser importante.

Deixe seu filho sonhar por conta própria, dê liberdade para que a imaginação dele o leve até onde for capaz de ir. Talvez nós tenhamos uma surpresa ao descobrir que, graças a esse livre pensar, ele seja o criador de algumas das novas funções que existirão no futuro e, então, seja doutor no tema e importante para a sociedade.

Se tivermos consciência de que não há como saber agora quais empregos resistirão ao tempo e quais novas funções surgirão, assim como não é possível transferir nossos sonhos para eles, talvez sejamos capazes de nos convencer de que não temos controle sobre o destino profissional de nossos filhos. Que estamos perdendo tempo ao projetar a profissão que eles vão exercer. Que estamos querendo tomar conta do que não é da nossa conta.

É PROIBIDO CALAR! ENTÃO FALE AOS SEUS FILHOS.

No trabalho
1. Conheça as regras.
2. Faça o melhor que você puder.
3. Só faça se for legal.
4. Compartilhe conhecimento.
5. Reconheça seus erros.
6. Destaque o mérito alheio.
7. Cresça sem diminuir o outro.
8. Incentive a diversidade.

UMA NOVA RESPOSTA

Minha proposta é que, ao mudarmos a pergunta "o que o meu filho será?" para "o que fará o meu filho feliz?" e deixarmos de lado a ideia de que o futuro e a felicidade dele estão relacionados à profissão que seguirá, possamos abrir espaço para uma resposta muito mais inspiradora. Em lugar de imaginar qual função exercerá, imaginemos quais virtudes ele praticará.

Virtudes são hábitos bons que nos levam a fazer o bem, que forjam nosso caráter, valor e nossa personalidade. Portanto, é muito mais inspirador querer que nossos filhos se aperfeiçoem nessas virtudes do que em uma técnica que os capacitará a exercer uma atividade que não saberemos se será útil para o dia de amanhã — menos ainda, se eles serão felizes exercendo essa atividade.

São hábitos atemporais e universais, que valeram para o nosso crescimento até aqui como seres humanos; que valem para os dias de hoje, por mais conturbados que nos pareçam; e não têm prazo para expirar.

Com essa perspectiva, seu desejo e as condições que você deve criar para o seu filho alcançar as virtudes almejadas permitirão que ele se desenvolva e assuma o papel que lhe convier na sociedade, seja como mais um integrante a tornar essa rede que vivemos saudável e de convivência possível, seja como um líder na comunidade em que atua, ou como um profissional inserido no mundo do trabalho.

Ao falarmos de virtudes, falamos de responsabilidade — tema ao qual nos dedicamos no capítulo "Ser ético" —, mas também podemos nos referir a sabedoria, respeito, determinação, honestidade, humildade, entre tantas outras que caracterizam e qualificam o comportamento humano.

> Virtudes são hábitos bons que nos levam a fazer o bem, que forjam nosso caráter, valor e personalidade. [...] São hábitos atemporais e universais.

Nas conversas do cotidiano, a palavra *virtude* é usada para descrever as qualidades ou os atributos positivos de uma pessoa. É comum nos referimos a alguém que tem a virtude de ser um cara correto, que nada mais é do que alguém honesto. O outro é um cara sério para se negociar, portanto alguém com responsabilidade. Quando não se prefere simplesmente dizer que fulano de tal é um cara bom. Na religião, com a ideia de as virtudes serem meios de cumprir o plano de Deus, fala-se em fé, caridade e esperança, que nos cabem independentemente de nossas crenças. A filosofia as reúne em quatro tipos distintos, que são a prudência, a fortaleza, a temperança e a justiça.

Perceba a diferença que faz a busca de uma nova pergunta e uma nova resposta para apaziguar a preocupação que temos quanto ao futuro de nossos filhos.

Ao respondermos que eles devem escolher a engenharia, a administração ou a psicologia — além de limitarmos suas perspectivas e induzi-los a uma função que não temos ideia de qual será daqui alguns anos —, tratamos de algo sobre o que não temos qualquer controle.

Por outro lado, ao colocarmos entre as alternativas de respostas virtudes como autoconfiança, misericórdia e generosidade, se não temos como determinar agora o futuro deles, ao menos estaremos oferecendo condições para que mais à frente eles façam as melhores escolhas e tomem as decisões que possam lhes proporcionar felicidade — a despeito da função que exercerem.

Podemos nos apropriar muito mais da tarefa de ajudá-los a se preparar para o futuro quando enxergamos as coisas sob essa perspectiva.

Por exemplo, a virtude da fortaleza é uma condição necessária para todas as demais, pois ela nos proporciona a firmeza nas ações e o preparo para as dificuldades que surgirão em nossa caminhada, inclusive aquelas com a intenção de nos desviar do caminho do bem. Essa solidez é essencial para a formação de nosso caráter e útil para todos os demais aspectos da vida pessoal e profissional.

É muito mais lógico traçar como perspectiva que minha filha seja benevolente — e eis aqui mais uma virtude — do que arquiteta. A arquitetura lhe dará técnicas para serem usadas em áreas específicas, enquanto a benevolência lhe tornará capaz de se relacionar melhor com as pessoas, construindo novas e diversas redes de relacionamento que poderão se transformar em conexões para a vida. Inclusive profissional — inclusive se ela for arquiteta.

Não pense que desejar a benevolência tornará sua tarefa mais simples do que prever o futuro profissional de seus filhos com base nos seus desejos e preconceitos.

Ao contrário: a arquiteta — apenas para ficarmos no exemplo de que tratamos agora há pouco — se faz no estudo da profissão, na atenção que se dá ao ensinamento que vem dos livros e dos professores, na técnica que lhe é transferida na faculdade ou cursos de extensão. Portanto, aos pais caberia apenas preparar a filha ou ter condições de financiar a formação dela. Feito isso, o diploma lhe confere o direito de exercer a atividade.

Não existe diploma para validar nossa benevolência, nem qualquer que seja a outra virtude que almejamos. É preciso ter a disposição de fazer o bem e aperfeiçoá-la com o hábito. Aos pais, caberá criar um ambiente no qual prevaleça a benevolência — assim como a generosidade e a misericórdia. Difícil acreditar na possibilidade de que filhos cresçam sendo bondosos se em casa os pais se tratam ou os tratam de maneira impiedosa — ou agem com as demais pessoas com desprezo e intolerância. A não ser que eles encontrem essas virtudes em outros círculos sociais que frequentem ou tenham a consciência do mal que gera aquele tipo de comportamento que assistem dentro de casa, é bem possível que a trajetória deles já esteja traçada pelo mau hábito dos pais.

Volto ao tema dos conflitos entre pais: não estou aqui iludido com a ideia de que os casais possam viver sem encarar seus conflitos — estaremos sempre expostos a essas situações. Faz parte do relacionamento, e nossos filhos têm de entender essa realidade. A questão é como os pais lidam com o conflito. A forma de administrar as divergências afeta emocionalmente os filhos e forma seu caráter. As crianças — mesmo ainda muito pequenas, de 3 ou 4 anos — entendem os sinais emitidos pelos pais quando eles interagem entre si.

Pais que têm estilo construtivo mesmo diante de uma controvérsia agem com calma e respeito, apesar da diferença de opinião; a discussão é focada em um tópico e a conversa progride para uma resolução. Com essa atitude, as crianças se sentem menos inseguras quanto ao clima familiar.

O inverso ocorre quando ou o pai ou a mãe tendem a se comportar com estilo destrutivo — quando há raiva e ressentimento e os tópicos de discussão retomam temas ocorridos no passado. Além de gerar insegurança, esse tipo de pai — ou de mãe — tende a ser mais duro com os filhos. Eles perdem duas vezes.

Será a maneira de os pais atuarem nesses momentos de crise que dará o tom para o grau de segurança que as crianças terão para, inclusive, administrar seus próprios conflitos com outras pessoas.

Se queremos filhos benevolentes, temos de fazer a lição em casa.

Sem querer me estender muito mais na questão das virtudes: é mais produtivo, do ponto de vista da educação que daremos aos nossos filhos, desejarmos que eles sejam pessoas corajosas do que desperdiçarmos nosso tempo preparando-os para uma profissão específica que sequer sabemos se pretendem seguir, se o farão forçados — o que os tornará pessoas frustradas —, ou se haverá razão para esta ainda existir.

A coragem os capacita a derrotar o medo sem transformá-los em temerários, que são aqueles que não medem os riscos e se jogam do precipício sem rede de proteção nem equipamento de segurança. Os corajosos têm autoconfiança, sabem se comportar diante das dificuldades e jamais fogem de suas responsabilidades. Sabem o que evitar, pois têm consciência do risco que enfrentam, tanto quanto sabem que não devem temer absolutamente tudo, pois a covardia os fará pequenos.

Queira filhos corajosos, que é o meio-termo entre o temerário e o covarde, para que eles decidam qual escolha devem fazer diante dos dilemas que enfrentarem. Para que tenham confiança em guiar aqueles que estão sob seu comando. Alertarem seu time para a dimensão do risco que pretendem assumir e impedi-los de seguir pelo caminho que inevitavelmente os levará à derrota. Para que saibam em que momento avançar — e quando recuar. Quando devem voltar atrás e pedir desculpas. Para saberem que, independentemente da posição em que estejam, ouvir e entender o outro é necessário. Reconhecerem os próprios erros. Perdoarem o errado.

Queira um filho corajoso muito mais do que um filho doutor.

Tanto quanto queira filhos que prezem a justiça. Isso também é essencial para a construção do ser humano. Assim como a fortaleza, a justiça é a virtude completa, que nos oferece o equilíbrio sobre todas as demais — o que já conversamos no capítulo "Ser ético", assunto que, dada a relevância, voltaremos a tratar a seguir. Porque nela encontramos o meio do caminho necessário para a convivência. Nem bem passado, nem mal passado, ao ponto. Para manter a analogia, sabe-se que cada prato e alimento têm tempo e temperatura exatos para serem servidos, o que exige conhecimento do cozinheiro.

VALE PARA TODOS

Se são filhos justos que queremos, temos de ser justos, também, na maneira como agimos com eles. A intenção aqui, portanto, é dar a cada um aquilo que lhe compete, o que se diferencia da ideia de dar a todos a mesma parcela. Isso é igualdade. Precisamos alcançar a equidade. Filhos que se comportam de forma diferente, por exemplo, não devem ser premiados igualmente. O relapso não pode ter o mesmo aplauso do dedicado, apesar de aos pais caber a tarefa de compreender o que leva cada um a agir de sua maneira — e fazê-los serem semelhantes em suas virtudes.

A justiça se impõe em cada atitude que adotamos no dia a dia, e à medida que a praticamos encontramos o ponto de equilíbrio que ela exige. O paciente que precisa de atenção urgente no hospital não pode esperar na fila do pronto-socorro; assim como você não deve furá-la apenas porque tem pressa para ir embora. Deixar sua filha o mais próximo possível na porta de entrada da escola é justo e mais seguro, mas passa a não ser se para isso é necessário estacionar o carro em fila dupla.

Tenho um amigo de longa data que goza de plena saúde e por isso se nega a estacionar o carro na vaga reservada a idosos, mesmo que já tenha idade para isso — e o faz porque prefere deixar o espaço livre para alguém que tenha realmente dificuldade de locomoção. Não se sente à vontade para usufruir de um benefício mesmo que este seja previsto em lei porque se pauta não pela letra, mas pelo espírito da lei. Tenho certeza de que com esse gesto ensina muito mais sua filha do que com qualquer palavra que dirigir a ela. Está sendo justo com a filha ao ensinar, com o outro, que é mais necessitado e com ele mesmo, pois ao exercer a justiça com os outros está sendo justo consigo mesmo. Age conforme sua consciência. Sente-se bem. Isso é importante para definir sua atitude diante de todas as situações com as quais deparamos: como me sinto ao agir.

Já percebeu o constrangimento quando somos indevidamente beneficiados? Quando alguém é passado para trás por nossa causa? Quando há prejuízos a outros apenas para

> [...] o melhor é fazer aquilo que considero realmente certo, independentemente de quem saia ganhando. Fazer aquilo que eu gostaria que fizessem comigo.

que tenhamos privilégios? Se você disser que não tem nenhum constrangimento, desconfie de si mesmo — e cuidado com o que poderá lhe acontecer. Se entende que pode fazer qualquer negócio para levar vantagem, obrigue-se a aceitar que a recíproca é verdadeira — e não caberão reclamações quando for você o prejudicado. Lembre-se: você entrou nesse jogo, e, ao participar dele, concordou com as regras.

A consciência — nossa — é um termômetro preciso para a busca desse equilíbrio. Por isso, o melhor é fazer aquilo que considero realmente certo, independentemente de quem saia ganhando. Fazer aquilo que eu gostaria que fizessem comigo.

Outra maneira de pensar a questão: o que eu quero para mim serve para todos? Interessante isso, não é mesmo?

Immanuel Kant, um dos pensadores mais influentes da era moderna, provocou esse exercício ao desenvolver a ideia do imperativo categórico. Ele propôs que ajamos de tal modo que possamos querer que a nossa ação se torne uma lei universal de conduta. Para isso devemos formular a máxima que pretendemos aplicar, considerar se é possível universalizá-la, analisar suas consequências e verificar se ficaríamos satisfeitos ao ver que essa máxima poderia ser seguida por todos.

Como já abordamos anteriormente, é um excelente parâmetro para encontrarmos grau razoável de civilidade nas relações humanas. Porque deixamos de pensar de maneira individual e egoísta.

Pegue o caso do fumante. Ele tinha direitos até alguns anos que eram inconcebíveis à saúde. Seu cigarro era "fumado" por todos que ficavam ao seu redor de forma indireta. A fumaça que ele expelia intoxicava — alguns mais, outros menos — todos os pulmões em sua volta. Ao se perceber o malefício que o cigarro oferecia aos fumantes passivos, criaram-se regras restritivas em alguns países. Deixou de ser possível que o fumante acendesse o cigarro em qualquer lugar. Primeiro os ambientes foram separados, depois se criaram áreas específicas, proibiu-se fumar em locais fechados, e há quem proíba o cigarro em áreas públicas. Injustiça, reclamaram alguns fumantes. Justiça para todos foi o verdadeiro sentido das medidas. Querer para mim o direito de fumar no escritório que ocupo exigiria que todos tivessem o mesmo direito — e, se todos fumassem naquele local, o ambiente se tornaria insuportável.

Vamos analisar outras situações.

Na sua rua não tem coleta de lixo, portanto você é obrigado a levar o material descartável até o ponto de recolhimento mais próximo. Como nem sempre é cômodo fazer o trajeto, você deixa os sacos de lixo na esquina, até porque em algum momento a prefeitura vai passar por lá e será obrigada a recolher o que foi jogado fora. Imagine agora que todas as pessoas que não estiverem dispostas a levar seu material até o ponto de recolhimento decidam fazer o mesmo que você e deixem os sacos de lixo lá na esquina. É claro que a situação se tornará insuportável.

No escritório da sua empresa tem um chefe autoritário que usa palavras agressivas quando se dirige aos subordinados, inclusive a você. O desejo que corre nas suas veias a cada vez que ele toma uma atitude desrespeitosa é o de agredi-lo igualmente. Pense agora se em todas as situações nas quais você ou seus colegas se sentirem agredidos o revide se concretizar. Será melhor transferir o escritório para um octógono.

O pai aceita que o filho pegue o carro para dirigir apesar de ter ingerido bebida alcoólica em determinada noite. Assim, o jovem vai chegar mais rapidamente em casa. O pai sabe que a atitude é imprudente e a lei não permite. Mas é só por hoje — e só o meu filho. Aplique a regra de "o que eu quero para mim serve para todos" e você entenderá por que a maior parte dos acidentes de trânsito ocorre em carros dirigidos por jovens. São pais e filhos que consideram certo criar exceções à regra. Uma aqui, outra acolá, e a prática ilegal vira rotina — e, da rotina, surgem os acidentes.

Na ótica individual pode ser justo apressar o atendimento na fila do hospital, porque a gestão da saúde é ruim. É justo que eu fume no escritório para não perder tempo no trabalho. É justo deixar o lixo por aqui mesmo já que a caçamba está tão longe. É justo agredir meu agressor, porque não levo desaforo para casa. É justo deixar meu filho dirigir o carro, pois o transporte público é ruim.

O que é injusto, então?

É injusto sempre que discuto o que é justo impondo minha visão egoísta.

Na busca pela justiça de nossos atos, encontramos justificativas para qualquer situação e identificamos sempre os culpados — que são os outros. Por isso, o exercício proposto de universalizar sua prática para ver no que vai dar oferecerá uma perspectiva mais real do verdadeiro impacto de nosso comportamento.

Em defesa da coletividade, nossos interesses nem sempre podem ser atendidos, por mais justa que pareça ser minha reivindicação.

A CIDADANIA COMO VIRTUDE

Se aceitarmos a ideia de deixar para os nossos filhos a escolha sobre a profissão que eles seguirão e assumirmos o compromisso de criar um ambiente no qual as virtudes que consideramos mais relevantes sejam cultivadas, teremos de nos dedicar intensamente ao tema da educação.

Considerando o que já falamos no capítulo "Sermos nós", que educação é responsabilidade dos pais, antes de qualquer outro protagonista que cruzar pela vida de seus filhos, e que parcela dessa educação está relacionada à escolaridade deles, precisamos nos capacitar a escolher a escola onde eles estudarão — essa sim é uma escolha sobre a qual temos responsabilidade.

Meus pais sempre tiveram muito apreço pela instituição de ensino em que pretendiam nos colocar — a mim e meus irmãos. Confiaram nosso desenvolvimento a colégios católicos, seguindo a tradição familiar. Mas não restringiam seus critérios à religião. Lembro que fomos transferidos ainda no primário de uma escola católica, próxima do bairro onde morávamos, para outra mais distante, no centro da cidade.

A avaliação deles era que o novo colégio nos ofereceria, além de formação moral e religiosa, ensino de excelente qualidade, com um grupo de professores qualificados e aulas destinadas a nos preparar para o vestibular, na época única porta de entrada nas principais universidades públicas e privadas do país. Sonho unânime dos pais: o filho na faculdade.

A escolha que meus pais fizeram foi transformadora, pois encontramos muito mais do que eles esperavam tanto na sala de aula quanto nos muitos ambientes de convivência, onde havia professores e educadores experientes e dispostos a levar o ensino a um novo patamar, no qual o conhecimento básico das matérias que faziam parte da grade curricular não era o único objetivo.

Espaços para debates e reflexão eram explorados a todo instante, e as discussões eram inspiradas pelos professores. Os temas nacionais eram introduzidos no conteúdo programático e os alunos, provocados a pensar de forma plural, especialmente quando nos aproximávamos do segundo grau, o equivalente ao atual ensino médio.

Para ser honesto com você, preciso confessar que, apesar da boa escolha feita pelos meus pais, nem sempre aproveitei o conhecimento disponível, a ponto de ter sido reprovado na sétima série do primeiro grau. Por outro lado, explorei ao máximo, ano após ano, o que o relacionamento com professores e colegas poderia me proporcionar. Talvez seja impreciso de minha parte dizer que aprendi mais fora do que dentro do currículo, porque, no fim das contas, tudo estava interligado — é a impressão que sempre tive.

Princípios que me permitiram ter papel de liderança em diversos campos tanto quanto identificar valores universais. Respeito aos direitos humanos, defesa da igualdade de gêneros e promoção da diversidade foram semeados naquele período — um rico período da minha vida.

Lembro como se fosse hoje o dia em que, na aula de artes, sentado à mesa de desenho, comentei com a professora Maria Helena — jamais esqueci o nome dela — sobre estar recebendo lições de violão no mesmo local onde havia uma famosa escola de balé. "Mas estou fazendo violão, viu?" — comentei, antes que ela pensasse que eu estava aprendendo a dança clássica. Como um tapa na minha moral retorcida, ela perguntou, de imediato: "E qual seria o problema se estivesse fazendo balé?" Preconceito arrancado pela raiz. Lição aprendida para a vida.

A relação entre os cuidados dos meus pais, a escola escolhida e os professores com quem convivi foi importante demais, a ponto de me deixar ensinamentos que acabei aplicando quando chegou a minha vez de escolher a escola dos meus filhos — escrevi minha vez, mas o correto é escrever "nossa", pois essa não é escolha feita isoladamente pelo pai ou pela mãe. A decisão tem de ser mútua e levar em consideração critérios com os quais os dois concordem.

Em nosso caso, havia uma tentação no caminho.

Na esquina de casa, havia uma escola destacada nos rankings educacionais, o que sempre se transforma em vantagem devido às dificuldades de mobilidade que cidades como São Paulo nos impõem — e saiba que esse aspecto deve fazer parte de uma lista de itens a serem avaliados, pois o tempo gasto no deslocamento pode gerar queda de desempenho dos estudantes. Mas precisávamos superar o critério geográfico, porque tínhamos uma convicção: a boa escola era a que nos ajudaria a preparar os filhos para a vida, não apenas para a universidade.

Com tudo o que defendi até aqui, você já deve imaginar que nossa preocupação não era ter filhos doutores.

Nosso sonho era muito mais pretensioso.

Queríamos formar indivíduos corretos em suas ações e com capacidade de conviverem em harmonia com seus amigos, relacionarem-se de maneira respeitosa com os demais, tolerarem as diferenças e serem solidários. Ao construir a imagem do que acreditávamos ser uma pessoa do bem, víamos alguém que tivesse sabedoria, coragem, disciplina e generosidade, entre outras virtudes que compõem um ser com conduta ética.

O desejo que nos movia era de que nossos filhos, em lugar de serem uma referência profissional — e mal não haveria se também tivessem esse reconhecimento —, fossem referência como seres humanos. Em lugar de serem elogiados por suas habilidades técnicas em torno de uma atividade — um excelente médico, um engenheiro de mão cheia, um jornalista de sucesso ou um orador de levantar o auditório —, o que adoraríamos ouvir daqueles que os conhecessem, em qualquer que fosse a circunstância, é que eles eram pessoas incríveis, com quem valesse a pena conviver, com quem se pudesse contar sempre que necessário, que merecessem todo o respeito.

Cidadãos: foi assim que sempre idealizei a criação de meus filhos.

Ainda que considerando os contextos filosóficos que tratam essa figura como um ideal de presença em comunidade e participação efetiva no processo político; ainda que considerando que a ética da cidadania estaria restrita à vida pública, conforme o autor que você visitar; na minha concepção — ou na nossa —, o conceito do que é um cidadão resume a ideia do que devemos buscar na construção de uma carreira de vida.

Falamos de alguém que valoriza a razão e a ética; que domina a inteligência e a emoção; que respeita os relacionamentos; que entende seu papel no mundo como o de um ser que está aqui para tornar a vida dos outros melhor por meio de seus atos e comportamentos. Que, por consequência, o fará melhor, também.

Alguém que erra, sim; que tropeça nos modos, porque é humano; que se atrapalha devido às complexidades da vida. Mas que é forte o suficiente para admitir seus erros, humilde para pedir desculpas e resiliente para recomeçar.

Chamo isso de cidadão!

Os estudiosos e precisos talvez prefiram chamá-lo de homem bom.

Esse é um projeto audacioso, sei bem disso.

Estamos falando de uma formação educacional que segue na contramão do que assistimos na sociedade contemporânea, em que a maioria ainda investe em projetos individualistas nos quais o único objetivo é a vitória, custe o que custar. Nesse cenário competitivo, que pode ser percebido na vida familiar, no setor privado ou na área pública, justificam-se as atitudes violentas, o desrespeito às regras e a falta de bom senso. Como o que interessa é o resultado final, pouco importa o processo.

Essa cultura de tolerância para com certos comportamentos considerados indesejáveis, desde que os resultados sejam os desejáveis, pode ser percebida nas mais diversas áreas — a começar dentro da própria família. Acontece quando o pai, ausente e se sentindo culpado por essa ausência, omite-se diante do comportamento impróprio dos filhos. Ou da mãe que assiste à ausência do pai, mas, submissa, cala-se para não gerar conflito no casamento. Aos filhos fica a lição que todo desrespeito é aceitável, e essa lição será replicada nos demais relacionamentos deles, inclusive na escola.

As corporações também são ricas em proporcionar ambientes nocivos à excelência de caráter, especialmente quando incentivam seus empregados a usarem de todos os subterfúgios para superar a concorrência. É comum se criarem metas e se cobrarem resultados. No instante em que os líderes empresariais impõem essas metas e se esquecem de determinar as regras para que os resultados sejam alcançados, passam um recado muito claro aos seus comandados: vale tudo!

E, no vale-tudo, é permitido ocultar, forjar e mentir.

É assim que acontece quando o que se busca é apenas o número de carros que a fábrica produzirá, por exemplo. Para vender mais, baixa-se o custo. Para ficar mais barato, eliminam-se dispositivos de segurança e controle ambiental. Sem esses equipamentos, o carro polui mais do que a lei permite. A solução é simples: manipula-se o exame de laboratório e se adultera o resultado. É só ninguém descobrir a fraude, e o dinheiro vai para a conta — dinheiro sujo, mas isso não importa.

Em meio a essa atmosfera poluída pela obscenidade nos costumes, educar para a cidadania é um desafio audacioso, sim, e necessário.

Dinheiro sujo se lava em casa, dirá o agente público já tomado pelo vício que distorce seu caráter e se opõe à honestidade. Por se sentir pertencente a essa parcela da sociedade que privilegia o resultado, a despeito dos processos, não vê problema em pedir uma grana extra para liberar a obra. Assim como a autoridade passa a considerar justo receber um favor — que pode vir na forma de maços de dinheiro ou de um apartamento de cobertura — em troca da aprovação de um projeto de lei. Todos saem ganhando, se haverá de pensar. Menos a sociedade — ou seja, todos nós —, porque esta só se desenvolverá respeitando a ética e seus valores.

Em meio a essa atmosfera poluída pela obscenidade nos costumes, educar para a cidadania é um desafio audacioso, sim, e necessário. Porque não será com advogados, juízes, motoristas, frentistas ou coletores que transformaremos a sociedade. Será com pessoas que agem como cidadãs — a despeito de suas profissões.

Para que esse processo educacional tenha sucesso, é importante que exista um alinhamento entre o que os pais desejam e o que a escola realiza, pois aquilo que você ensina dentro de casa precisa ter sustentação na sala de aula. Não que nossos filhos não devam ser expostos a uma pluralidade de pensamentos. Mesmo que a escola tenha um projeto pedagógico que atenda a suas pretensões, é inevitável e saudável que cada professor com quem eles tiverem contato e cada grupo de amigos do qual fizerem parte os apresente a argumentos e conceitos diversos sobre as coisas do mundo. Será a partir desse cardápio variado de olhares que eles passarão a elaborar uma visão crítica sobre todas essas coisas — inclusive sobre a educação que recebem em casa.

É um erro acreditar que manter seus filhos dentro de uma bolha ideológica os protegerá daquilo que você considere nocivo à formação deles. É exatamente o oposto. Mantê-los alheios ao contraditório vai interferir na sua capacidade de agir e pensar, colocando-os em um estado de alienação que os afastará do convívio social.

Haja vista o que ocorre na atualidade com aqueles grupos que se isolam em suas redes digitais, trocam informações que estão sempre de acordo com aquilo que imaginam ser o certo para o mundo e, dessa forma, apenas reforçam seus pontos de vista. Ao verem tudo de um mesmo ponto, fortalecem a intolerância em relação aos que pensam de maneira diferente.

Ter contato com uma multiplicidade de visões nos leva a refletir; e esse pensar permite que seu filho ou sua filha forme seus próprios argumentos para entender como o mundo funciona. Aos pais, convictos dos valores que defendem, cabe estarmos preparados para contra-argumentar, criando um ambiente de debate produtivo que pode, até mesmo, nos fazer repensar sobre aquilo que acreditávamos ser a verdade absoluta sobre os fatos.

Feitas essas observações, ratifico a necessidade de termos critérios muito bem definidos para selecionar uma escola, pois isso nos dará segurança quanto ao conteúdo que será transmitido em sala de aula e certeza de que os valores que defendemos serão reforçados nos trabalhos realizados na instituição de ensino. Algo que somente será alcançado se o projeto pedagógico da escola estiver alinhado com o projeto educacional da família.

Tanto quanto você e eu, a escola tem objetivos a alcançar, metas a realizar e sonhos a construir — e isso tem de estar espelhado no seu projeto pedagógico, que reúne propostas de ação a serem executadas ao longo de um período e organiza as atividades educativas que impulsionam o processo de ensino e aprendizagem. É por meio desse projeto que se conhece a filosofia de ensino da escola. Que se define a identidade dela. Quanto maior a sintonia entre os objetivos, metas e sonhos da escola e da família, melhor.

> Quando existe harmonia nos princípios e valores da escola e da família, a tendência é que haja influência positiva no desenvolvimento intelectual das crianças da mesma maneira que no desenvolvimento moral e emocional.

Existem colégios que privilegiam a formação acadêmica, enquanto outros valorizam a formação humana. Existem colégios que se fundamentam no ensino religioso, outros no campo social. Existem os que focam no resultado da prova, outros na performance do aluno.

Qual o melhor caminho a seguir?

Aquele com o qual você se identifica. Aquele que tem a bússola direcionada no mesmo sentido que você pretende seguir com sua família — pois o projeto pedagógico é o guia da escola, e os pais são o guia da família.

Quando existe harmonia nos princípios e valores da escola e da família, a tendência é que haja influência positiva no desenvolvimento intelectual das crianças da mesma maneira que no desenvolvimento moral e emocional.

O projeto pedagógico, portanto, não é peça acessória. Mesmo assim, a pesquisa que temos de fazer para decidir em que escola nossos filhos serão matriculados não se encerra por aí. Especialmente porque todos os compromissos assumidos nesse documento se transformam em letra morta se não houver engajamento da direção, dos professores e dos funcionários.

Com a intenção de não sermos ludibriados por um documento muito bem elaborado por técnicos e pouco executado pela comunidade escolar, em casa tomamos a decisão de ampliar nosso campo de investigação. Conversamos com pais e alunos, ouvimos professores e especialistas em educação e nos informamos sobre a escola com as pessoas que vivem em seu entorno.

Foi um diálogo produtivo que nos fez enxergar que a proximidade daquele colégio na esquina de nossa rua não era apenas geográfica, era também pedagógica. Estava bem próximo do que imaginávamos ser o ideal de educação, pois era referência no campo do ensino, especialmente com professores qualificados, e dedicados a desenvolver atividades na área da cidadania.

Com uma série de programas e ações, havia espaço para a formação de cidadãos conscientes do seu papel, com visão crítica e responsável sobre aspectos que ajudam a transformar o meio em que vivem.

Era um privilégio que, sabemos, nem sempre está disponível a todas as famílias. Muitas vezes a opção que se tem é matricular as crianças na escola pública ou privada da região, que pode não ter um desempenho à altura do que os pais imaginam. Mas que se transformam em única opção na formação escolar. E aqui vale ressaltar: se temos esse privilégio, temos também a responsabilidade de usá-lo para defender melhorias no investimento e na gestão do ensino público. Esse esforço não pode ser apenas de pais que têm de recorrer à escola pública. É um dever que temos todos nós, como cidadãos que pretendemos ser — pois somente dessa maneira se construirá uma sociedade justa.

Seja qual for a situação no seu bairro ou na sua cidade, interagir com os gestores e professores, atuar na comunidade escolar e colaborar para o desenvolvimento do ensino são comportamentos éticos com os quais temos de estar comprometidos. É uma obrigação da qual os pais não devem abrir mão em nenhuma circunstância, por mais desculpas que possamos encontrar no cotidiano — é o chefe que não me libera, os compromissos que se acumulam ou a escola que não abre espaço para debater.

Sempre encontraremos uma péssima desculpa para justificar nossa ausência quando, no fundo, o que nos faz agir assim é a ideia de que nosso compromisso com os filhos é arrumar uma boa escola para eles; e, com a escola, pagar a mensalidade que nos é cobrada. Se os filhos estão em uma boa escola e a mensalidade está em dia, os diretores e professores que cumpram suas responsabilidades, porque eu tenho mais o que fazer da vida — pensa-se, de maneira errada.

A bem da verdade, ao longo do tempo temos assistido a um distanciamento perigoso entre pais e escola — e isso acontece nos ensinos público e privado —, provocado por erros de condução e preconceitos, além da distorção de princípios e valores. Existem pais que só aparecem no colégio para reclamar do professor que cobrou disciplina de forma mais rígida na sala de aula, recolheu o celular que estava sendo usado indevidamente ou deu nota baixa para o filho dele.

Quem esse professor pensa que é?

Há escolas que se colocam em posição de superioridade à família, e não abrem espaço para discutir suas questões internas, pois acreditam que são as únicas realmente capacitadas a desenvolver um programa de educação, já que reúnem profissionais experientes e qualificados e têm sua proposta de ensino validada pelos resultados até hoje.

Quem esses pais pensam que são?

Erramos todos com essa postura — e muitas vezes erramos de forma consciente. Reclamamos que a escola não oferece espaço para interação, e a escola reclama que os pais não têm interesse em participar de suas atividades quando, no fundo, as duas partes parecem satisfeitas com essa situação.

Vai que a escola decida abrir suas portas. O pai vai ter de aparecer por lá e será provocado a pensar sobre os desafios da educação, programas escolares etc.

E a escola? Vai ter de investir tempo, estrutura e conhecimento para ouvir demandas e sugestões dos pais, que vão querer mexer em situações há muito institucionalizadas.

Melhor que fique do jeito que está, cada um na sua — pensam as partes.

O problema é que as posturas autoritária por parte da escola e omissa por parte dos pais contribuem para o isolamento das crianças, gerando uma sensação que se refletirá no desempenho escolar tanto quanto em suas atitudes na sociedade. Em maior ou menor grau, refletimos no ambiente de ensino a intolerância da sociedade que está exposta nas redes sociais.

Portanto, não dá mais para deixar como está.

Temos a obrigação de investir esforços para reverter essa situação, seja por iniciativa da escola, ou por iniciativa do grupo de pais que compõe aquela comunidade. Deve-se criar estratégias que motivem a atuação dos profissionais e atraiam os pais para essa discussão, provocar debates permanentes visando a melhoria do relacionamento, qualificar a comunicação não apenas no contato pessoal, mas pelos canais digitais que temos à disposição.

O envolvimento de toda a comunidade nas discussões pertinentes ao ensino e aprendizagem, entre tantos aspectos positivos que podemos elencar, será um exemplo fantástico para os jovens. Aos pais que acreditam na construção de uma consciência cidadã, essa participação ativa na escola é a maior lição que seus filhos podem receber.

É PROIBIDO CALAR! ENTÃO FALE AOS SEUS FILHOS.

Na escola
1. Respeite o professor.
2. Jamais pratique ou aceite o bullying.
3. Colabore com os colegas.
4. Faça a lição de casa.
5. Preste atenção na aula.
6. Nunca cole na prova.
7. Estude para a vida e não para passar.
8. Participe da comunidade escolar.

POLÍTICA SE DISCUTE

Quando escola e pais falam a mesma língua e decidem atuar em parceria, ganhamos mais segurança na condução da educação de nossos filhos e colaboramos para que eles percebam a importância da convivência com o outro.

Nossa vida em sociedade é inevitável, em condições normais de pressão e temperatura — talvez em situações extremas ou de desvio de conduta o isolamento total seja possível. Mas é claro que viver fechado em si mesmo não é recomendável. Em geral, necessitamos estar em contato com outras pessoas, sendo conveniente se sentir pertencente a um grupo.

A interação faz parte da vida em sociedade, e não nos surpreende que surjam divergências. Apesar de estarmos dentro de um mesmo grupo, cada um de nós é um ser único, tem desejos próprios e aspirações que podem não estar de acordo com o outro. O essencial é que tenhamos maturidade para administrar essas situações.

Nesse processo pela busca da convergência, temos de entender o que move a outra pessoa, trocar ideias, apresentar argumentos e ouvir contra-argumentos. O objetivo é encontrar pontos em comum, o que nem sempre é possível, havendo, portanto, a necessidade de alguém ceder para que não haja um esgarçamento daquelas relações.

E quando agimos dessa maneira estamos fazendo política.

Sim, apesar de muitos de nós reclamarmos dos políticos e de suas práticas, também somos políticos, e isso se faz imprescindível, porque estamos em comunidade. Pense a política como o caminho para tornar compatíveis os interesses e motivações de cada integrante da sociedade.

> Sem valores morais e organização política, a vida em sociedade se esvazia de sentido, e você nem percebe que a corrupção ronda sua família.

Lá em casa, quando você fala dos planos para as férias, são usados elementos da política. O pai gostaria de ir para o litoral e a mãe imagina viajar para fora do estado; para um dos filhos, a melhor opção seria encontrar os amigos, enquanto ao outro qualquer programa satisfaria. Enquanto discutem as possibilidades que se apresentam, cada um argumenta a favor de suas pretensões e tenta ganhar o apoio de um dos membros — com a maioria, fica mais fácil de convencer o grupo a aceitar uma das propostas.

A política faz parte da nossa vida no escritório, também. Com certeza está presente na sala de reuniões onde as principais decisões são tomadas, mas pode ser identificada na conversa no balcão do cafezinho, para onde você convidou um dos colegas com o qual precisará contar para que o seu projeto seja aprovado.

Você terá de fazer política no sindicato, no clube do qual é sócio, na igreja que frequenta e na escola, aquela que você já está convencido de que precisa participar ativamente.

Se existem duas pessoas (ou mais) na relação, há relação de poder — e, se há relação de poder, a política está envolvida.

Por isso, é curioso quando, em meio ao bate-papo com os amigos, surge alguém e diz que odeia política. Geralmente essa pessoa se refere à prática adotada por pessoas que detêm cargos públicos e não se comportam à altura da função que exercem. Fala de parlamentares e chefes do poder executivo, especialmente daqueles que, em lugar de negociação, fazem negociata — que cometem falcatruas de todo tipo para se manter no poder.

Os comportamentos impróprios — não faltariam exemplos para relacionar — ocorrem no campo da política, mas não são a política em si.

Para ressignificar a vida em sociedade e valorizar a ação política, temos de exercer a cidadania, que nos remete a um conjunto de direitos e responsabilidades.

A cidadania nos oferece uma identidade, ao mesmo tempo que nos insere em um grupo social.

Quem não é cidadão está à margem dessa comunidade e se põe em posição subalterna, pois abre mão da sua capacidade de deliberar — de tomar decisões.

O problema é que, ao agirem assim, além dos prejuízos que causam ao Estado com a depreciação que provocam nos serviços públicos e da mensagem de degradação ética que transmitem, entre outras perdas, também levam o cidadão a desacreditar no papel dos políticos.

Não por acaso, ouvimos que políticos são todos iguais. Não são. A ideia de que são todos iguais, que costuma vir acompanhada do conceito de que são todos ladrões, somente atende aos anseios daqueles todos que são ladrões. Afinal, eles permanecerão ocupando o espaço público, uma vez que não se importam de serem assim caracterizados — mesmo que neguem veementemente a cada denúncia que se faça.

Já as pessoas de bem que enxergam a política como uma função nobre a ser exercida pelo interesse público tendem a se afastar, pois temem ser contaminadas por esse descrédito. Afastamo-nos nós, também, abrindo mão do direito que temos de escolher os representantes. Não somos mais capazes de confiar em nenhum deles.

Esse distanciamento provoca uma série de distorções, entre as quais o fortalecimento de um pensamento individualista, segundo o qual se acredita que o cidadão não depende da política para viver — o que nos remete à ideia de que não se tem necessidade de conviver com o outro. Cada um faz o seu e o resto que se vire.

Falso!

O trabalho que realizamos gera riqueza. Mantemos nossa empresa ou preservamos nosso emprego. Podemos empreender. E, como resultado disso, garantimos nosso sustento. Mas isso não significa que vivemos por nossa conta ou sobrevivemos de maneira isolada. Há uma rede de pessoas das quais dependemos e outra que depende de nós. Uma vez que cada um desses indivíduos tem interesses e necessidades próprios — alguns compatíveis com os demais participantes dessa rede, outros não —, sobressai o poder político com suas regras, limites, liberdades, direitos e deveres, que devem ser seguidos em nome da boa convivência.

A política ajuda nesse regramento. Se não houver a participação do cidadão no debate público, as regras deixam de atender ao interesse do todo — ou de quase todos — para servir ao interesse de alguns poucos. Ausentar-se do cenário político é um mau exemplo que podemos oferecer aos nossos filhos, já que o que estamos discutindo aqui é como os pais podem ajudá-los a ter uma vida ética e incentivá-los a exercitar a cidadania — mesmo que, para você, ética e política nunca estejam na mesma direção quando aparecem juntas em uma frase.

A nossa participação política se realiza em diferentes formas, sendo a atuação em partidos políticos talvez a mais distante de nós, especialmente pelos critérios que a maioria dessas agremiações ainda usa na seleção de seus filiados — apesar de nos últimos anos já terem surgidos siglas dispostas à renovação de práticas e escolhas.

É possível praticar o ativismo político em outras frentes, como entidades de bairro e associações de classe. Dentro da escola, atuando na associação de pais, por exemplo. Além disso, a todo instante surgem coletivos, um novo formato de instituição criado em torno de causas diversas. Há ainda as organizações não governamentais, que permitem o engajamento do cidadão conforme seu interesse específico.

Estar bem informado sobre os principais temas que influenciam a sociedade e entender a lógica que move esses fatos ajuda você a desenvolver olhar crítico, o que facilitará na conversa com seu filho sempre que esses assuntos surgirem dentro de casa. Simplesmente refutá-los porque você não está inteirado sobre os acontecimentos do cotidiano é desperdiçar boa oportunidade de reflexão. Informe-se!

Seja qual for a forma de atuação você se dispuser a adotar — ou se preferir apenas falar sobre o tema —, é preciso ter consciência de que negar a política pode até ser uma opção, mas é a opção errada. É alienar-se! Como somos referência para nossos filhos, agindo assim, estaremos condenando-os ao mesmo mal, afastando-os da vida em grupo, interferindo na capacidade deles de atuar e pensar por si próprios e de avaliar as coisas com bom senso e clareza — fazendo-os perder a autonomia sobre o papel que lhes cabe no processo social.

Perante esse cenário, que mostra políticos e organizações interessados em manter o *status quo*, garantindo a eles e a seus grupos o espaço de debate e manipulação da coisa pública, e nós cidadãos, que poderíamos transformar esse quadro, nos mantendo afastados das decisões — pior, aceitando essa realidade —, corremos o risco de estar formando uma geração de indivíduos interessados apenas na vida privada. No sucesso individual.

Sem perceber o impacto que o empobrecimento da vida pública exerce sobre toda a sociedade, perdemos o poder de nos indignar contra as irregularidades. A corrupção assume contornos de normalidade, e a mensagem que transmitimos é que as coisas sempre foram assim e nunca vão mudar. É cultural!

Em um primeiro momento, seu filho entende o recado: a corrupção não é um problema meu! Em seguida, aceita sua própria incapacidade de derrotá-la. Daí é um pulo para a lógica do "Se não puder vencê-la, junte-se a ela". No popular: seja corrupto!

Sem valores morais e organização política, a vida em sociedade se esvazia de sentido, e você nem percebe que a corrupção ronda sua família. O garoto se safa de ter a carteira de motorista cassada porque pagou propina ao guarda para não ser retido na blitz — e você pensa: *Pelo menos já sabe se virar sozinho*. A sua filha — prestes a morar sozinha — paga uma grana para o fiscal fazer vista grossa à reforma que se iniciou sem licença: *Não está fazendo mal a ninguém* — releva o pai.

Corrupto é o filho do vizinho!

Para ressignificar a vida em sociedade e valorizar a ação política, temos de exercer a cidadania, que nos remete a um conjunto de direitos e responsabilidades — mas não apenas a isso. A cidadania nos oferece uma identidade, ao mesmo tempo que nos insere em um grupo social. Quem não é cidadão está à margem dessa comunidade e se põe em posição subalterna, pois abre mão da sua capacidade para deliberar — de tomar decisões.

O cidadão escolhe seu representante e fiscaliza suas ações da mesma maneira que tem de pagar impostos e respeitar a ordem. São direitos e deveres que não se restringem a si mesmos, uma vez que nossa participação nos revela a todo momento novos desafios. A certeza, porém, é a de que somos responsáveis pela comunidade que nos acolhe — portanto, temos compromissos implícitos nessa relação.

Comprometidos com essa ideia da vida em comunidade, não podemos entregar nas mãos de um salvador da pátria a resposta para nossos dilemas. O Brasil já se aventurou, em diferentes momentos da sua história, na busca desse personagem, que só existe na ficção. Curiosamente, o fez na ditadura e na

> A cidadania nos oferece uma identidade, ao mesmo tempo que nos insere em um grupo social. Quem não é cidadão está à margem dessa comunidade e se põe em posição subalterna, pois abre mão da sua capacidade para deliberar — de tomar decisões.

democracia. E, às vezes, dá a impressão de que está disposto a reviver esses momentos como se não tivesse aprendido a lição.

Apostando na educação, precisamos de um projeto que nos leve a compreender que é o cidadão comum que poderá — com base em seus valores e princípios — transformar essa realidade ao aceitar o desafio de participar da vida política de sua comunidade. Ao praticar a cidadania no único espaço realmente apropriado para tal exercício: a vida pública. É nela que os comuns se encontram e encontram aquilo que é comum a todos.

O voto é um desses instrumentos, mas não o único. Destaco essa ideia porque ainda é corriqueiro na jovem democracia brasileira resumirmos nossa participação política ao dia da eleição. Vamos à urna, digitamos alguns números, confirmamos na tecla verde e voltamos para casa com o sorriso do dever cumprido.

Gosto da possibilidade de a cada dois anos se repetir essa cena, pois sinaliza a regularidade do processo democrático, interrompido em alguns momentos da nossa história. Para que esse roteiro seja completo, porém, precisamos fazer a transição do eleitor para a do cidadão.

O eleitor elege; o cidadão torna possível a vida em comunidade.

ADOTE ESSA IDEIA

Foi na crença de que somos os responsáveis pelo nosso destino — e não qualquer aventureiro sustentado por uma sigla partidária — que incentivamos a formação de um grupo de cidadãos dispostos a transformar o ambiente urbano em que vivem. A ação se iniciou logo após as eleições de 1998, quando mais de cinco mil cidades se mobilizaram para escolher prefeitos e vereadores.

Em São Paulo, capital, 55 vereadores haviam sido recém-eleitos, e fui surpreendido pela quantidade de mensagens de cidadãos paulistanos enviadas ao programa que apresentava na Rádio CBN. A maioria questionava a qualidade dos parlamentares que ocupariam as cadeiras do Legislativo municipal nos quatro anos seguintes — pior, muitos diziam que aqueles políticos não os representavam.

Para entender essa reação, pesquisei os números das eleições daquele ano e identifiquei uma distorção que talvez explicasse a dúvida dos eleitores. A cidade de São Paulo tem em torno de 12 milhões de habitantes, dos quais 8,6 milhões capacitados a votar, naquela época — ou seja, tinham título eleitoral emitido. Destes, 2,9 milhões abriram mão de cumprir o seu dever ou exercer o seu direito. No grupo dos que deixaram de cumprir seu dever estão os que não escolheram seu representante porque estavam ausentes — ficaram em casa, foram para a praia, decidiram investir em outro programa ou sequer moravam na capital, mas não se deram ao trabalho de transferir o título eleitoral para a cidade em que residiam.

Entre os que não exerceram o direito de escolha estão aqueles que por força de obrigação legal compareceram às urnas mas votaram em branco ou anularam. "Quem não escolhe faz sua escolha" — eu costumava ouvir na mesa dos almoços dominicais, na casa de meus avós maternos. Nesse caso, tivemos 2,9 milhões de pessoas que deixaram que outros escolhessem no lugar delas. Esse número de não eleitores é ainda mais chocante diante do total de votos que os 55 vereadores eleitos receberam, naquele ano: 2,3 milhões. Chega-se então a uma situação curiosa: de cada dez paulistanos com direito a votar, apenas três conseguem eleger diretamente o seu representante.

É preciso levar em consideração, eu sei, que o sistema eleitoral brasileiro para os cargos legislativos é proporcional e não majoritário, como acontece nas eleições para o Executivo. No majoritário, quem tem maior número de votos é eleito. No proporcional, o voto que dedicamos à legenda ou ao candidato de um partido soma-se a todos os demais e fará parte do cálculo do cociente eleitoral, que define quantas vagas cada partido terá no parlamento. Quando voto em um candidato, ajudo a eleger outro. Por outro lado, sabemos que a maioria de nós desconsidera essa relação e, portanto, seu representante é aquele em quem ele votou. Se o candidato em quem ele votou não se elegeu, ele não se vê representado no Parlamento.

Dessa maneira, entende-se por que, de cada dez paulistanos, sete olham para a Câmara Municipal e se perguntam: quem elegeu essas pessoas? Quem são essas pessoas que foram eleitas?

São os nossos representantes, queiramos ou não. São os vereadores que apresentam, discutem e aprovam as leis na cidade. A começar pelo próprio orçamento, que define onde o dinheiro dos nossos impostos será aplicado — a proposta é da prefeitura, mas quem modifica o texto e aprova é a Câmara. São os vereadores que fiscalizam os atos da prefeitura, se o dinheiro está sendo destinado conforme prevê a lei, se as políticas públicas estão sendo implantadas, se as metas definidas pelo Executivo são respeitadas ou se os serviços de atendimento se prestam para servir ao cidadão ou servem aos interesses da autoridade.

No Parlamento, promovem-se debates públicos, demandas são apresentadas e soluções são discutidas. Sempre haverá quem questione que boa parte dos projetos de lei aprovados na casa legislativa é de baixo impacto — ou seja, pouco influenciará os destinos da cidade. É verdade, mas isso não invalida o papel dos vereadores. Mesmo projetos de baixo impacto para a cidade podem ter forte influência na vida de um cidadão. Exemplo: projeto de lei que denomina rua ou praça pode não ter importância para a maioria dos que vivem na cidade, mas ajuda os que moram na rua ou nas redondezas da praça. Nome de rua dá dignidade para a pessoa. O erro é quando o vereador resume seu mandato a questões como essa, porque desdenha da importância do cargo que ocupa.

Além de legislar, deve-se considerar que tudo que os vereadores fazem é feito com dinheiro público, que tem como origem os impostos que pagamos. Para manter o gabinete de um parlamentar, para que o mandato dele seja exercido, para que a estrutura da Câmara Municipal seja mantida, usa-se o nosso dinheiro. Calcula-se que o Legislativo da cidade de São Paulo custe aproximadamente meio bilhão de reais por ano — meio bilhão de reais pagos pelos cidadãos. Se é muito ou pouco dinheiro, não vamos discutir agora, afinal a democracia tem seu preço — e distorções —, mas é bom lembrar que todos os demais regimes que apareceram custaram muito mais caro — custaram a nossa liberdade, e essa temos de defender sempre e mostrar aos nossos filhos que vale cada tostão dos nossos esforços.

Considerando que os vereadores votam projetos e discutem políticas públicas que influenciam nossa relação com a cidade em que vivemos, e o fazem com o nosso dinheiro, mesmo que não tenhamos tido capacidade de eleger alguém que gostaríamos, não dá para deixar

> O fundamental é entender que o vereador tem o dever de prestar contas ao cidadão, e você, como cidadão, tem o direito de exigir dele essa prestação de contas: o que faz, o que pensa, o que propõe, o que o indispõe, o que gasta e o que cobra — por favor, que neste último caso ninguém faça nenhuma ilação de ilicitude.

que eles façam o que bem entendem e sem nenhum controle. Foi então que surgiu a ideia: se não tem um vereador que você elegeu na sua cidade, adote um. Adote um vereador! Entre aqueles que foram eleitos, escolha ao menos um para acompanhar o mandato, usando o critério que entender mais apropriado. Pode ser um vereador que esteja em um partido que você admira, que atua na região em que você mora, que se dedica a tratar de temas que você considera importantes para a cidade — o critério é seu.

O fundamental é entender que o vereador tem o dever de prestar contas ao cidadão, e você, como cidadão, tem o direito de exigir dele essa prestação de contas: o que faz, o que pensa, o que propõe, o que o indispõe, o que gasta e o que cobra — por favor, que neste último caso ninguém faça nenhuma ilação de ilicitude.

Uma série de pessoas, de maneira organizada ou isoladamente, aceitou o convite para monitorar o trabalho dos vereadores. Grupos em diferentes cidades se inspiraram na ideia e desenvolveram sua própria forma de atuação.

Houve escolas que mobilizaram alunos e entidades que acreditaram no projeto. Esses adolescentes trocaram a sala de aula pelo plenário da Câmara Municipal. Em lugar de aprender o que está nos livros, assistiram à sessão de debates no parlamento. Provavelmente visitaram uma casa legislativa que você talvez nem saiba onde fica, mas que eles descobriram que é de lá que saem as leis que regem a cidade onde vivem. Já pensou no perigo de o seu filho ser político? Por que não?

Cada um desenvolveu sua própria experiência. Alguns descobriram que o acesso ao parlamentar é bem mais simples do que imaginavam — conseguiram até mesmo propor mudanças no mandato e projetos de lei. Outros perceberam que há vereadores que se sentem constrangidos quando são confrontados — e até mesmo se mostram violentos, em determinadas situações. Teve quem passou a entender melhor o funcionamento do Legislativo e o poder do parlamentar.

Conseguimos avanços e assistimos a retrocessos. Crescemos em alguns momentos, regredimos em outros. Sofremos pressão e pressionamos. Tivemos intenções frustradas e vitórias memoráveis. Desconfiamos deles e desconfiaram de nós — a ponto de sermos convidados a dar explicações na Câmara paulistana, como contei no capítulo "Não é pouca coisa".

O mais importante é que se percebeu que a ação política que se desenvolve na cidade vai muito além da escolha dos políticos da cidade. Ao participarmos da vida pública, nos valorizamos como indivíduos e fortalecemos os instrumentos políticos que regem nossa existência na comunidade. Aos legisladores e executores das leis — porque se pode estender essa ação cidadã a prefeito, governador e presidente da República — enviamos uma mensagem, nem sempre entendida, que se sobrepõe à ideia do "estou de olho em você". Sim, estamos de olho em vocês, mas, se os ouvidos de vocês estiverem abertos, a presença do cidadão na fiscalização do trabalho desenvolvido pelo agente público os ajudará a entender melhor a evolução dos comportamentos e as transformações sociais.

Não dá mais para crer que, emparedado em um gabinete ou palácio — é significativo que as sedes do Legislativo e do Executivo ainda carreguem esse nome —, se vai acompanhar a evolução da sociedade. Agradeça a participação do cidadão, incentive essa participação e usufrua dela.

De nossa parte, uma vez por mês algumas pessoas saem de suas casas para se encontrar presencialmente — no restante do tempo as mobilizações e conversas ocorrem por meio de redes sociais e digitais. Sentam-se em volta de uma mesa de café quando relatam o que fizeram e aprenderam, pedem apoio para causas, discutem soluções e revelam angústias. Geralmente, dessa reunião mensal participam menos pessoas que adotaram vereadores e muito mais pessoas que acreditaram na ideia da cidadania — pessoas que participam de conselhos de bairro, associações de moradores, grupos culturais e políticos.

Uma gente que ainda se indigna com o desrespeito com que a sociedade é tratada; que ao mesmo tempo acredita no poder de transformação do cidadão; na ideia de oferecer ao seu filho — e a todos os demais filhos — um espaço público mais justo e generoso. Pessoas que encontram na vida pública uma identidade que as une: o desejo de uma vida feliz para todos. E que buscam criar condições para que seus filhos sejam felizes nesse espaço.

> **É PROIBIDO CALAR! ENTÃO FALE AOS SEUS FILHOS.**
>
> **Na política**
> 1. Voto não tem preço, tem consequência.
> 2. Vote consciente.
> 3. Informe-se sobre o candidato.
> 4. Acompanhe o que acontece no Parlamento.
> 5. Desenvolva um olhar crítico.
> 6. Incentive outras pessoas a participar.
> 7. Seja tolerante com quem pensa diferente.
> 8. Participe das ações na comunidade.

8
SER FELIZ

Na casa de um de meus avós, o paterno, havia um telefone preto preso na parede, próximo da escada que dava acesso ao andar de cima do sobrado onde ele morava com minha avó. A presença daquele aparelho — lembre-se de que eram tempos pré-históricos da tecnologia — era sinal de família bem-sucedida.

Que eu saiba, meu avô sempre teve bom emprego e foi profissional qualificado. Também eram tempos em que só o homem trabalhava fora, tendo a mulher o papel de cuidar das crianças — e, pelo que conheci de minha avó, ela foi muito dedicada na criação do meu pai e dos irmãos dele.

Sempre que o telefone tocava, era meu avô quem atendia. Confesso que não sei dizer se era uma coincidência ou mais um desses costumes que marcavam as famílias no passado. Sei, porém, que o ouvi falando ao telefone algumas vezes e quase sempre em tom de preocupação. Geralmente era meu pai quem ligava do trabalho, porque em casa o telefone somente chegou alguns anos depois. Eram duas ligações por dia: uma às nove da manhã e outra às sete da noite. Exatamente isso que você está pensando: tinha horário certo para fazer isso, um hábito que ele criou para conter a ansiedade de meu avô.

Pela conversa deles, eu tinha a impressão de que o pai ligava para prestar contas do que havia feito durante o dia — ou durante o período que transcorria entre uma ligação e outra. As perguntas do meu avô soavam como cobranças. Não era apenas um "Como você está?" de praxe. Era quase como querendo saber: "Aconteceu alguma coisa ruim?" Quando a ligação passava da hora — e às vezes isso acontecia pelos compromissos profissionais do meu pai —, o tom era ainda mais grave: "O que foi que houve?" Nunca havia acontecido nada, e na maior parte das vezes pouca coisa meu pai teria a contar além das histórias corriqueiras: fui lá, vim pra cá, deixei o carro ali... Difícil ter novidades a oferecer quando as conversas são frequentes e rotineiras.

Foi naquele telefone de parede que assisti ao meu avô protagonizando uma das cenas mais curiosas que vi na relação entre pai e filho. Meu tio havia telefonado para anunciar que estava "grávido" — não lembro bem, mas imagino que fosse o segundo filho dele. Essa é das notícias que costumam provocar cenas de satisfação e alegria em todas as casas. Comemora-se o anúncio como se o filho já tivesse nascido, alguns se abraçam, outros sorriem e a família já começa a fazer planos. Você, que vive em família que já teve filho, sabe como é.

Lá na casa do meu avô nós fizemos o mesmo, pois a chegada de uma criança é sempre bem-vinda. É a demonstração de que a vida segue em frente. Vem aí mais um dos nossos, para alegria geral da nação. Meu avô era exceção. Desligou o telefone com expressão de contrariedade. Não que ele não quisesse mais um neto — por mais sério que fosse, sempre nos tratou com gentileza —, mas havia nele um realismo exagerado que o impedia de sorrir naquela hora.

Na cabeça dele havia dúvida se o filho estaria preparado para educar mais uma criança; ou se tinha noção da responsabilidade que estava assumindo; ou se era o momento certo para ter outro filho; ou qualquer outra dessas coisas que passam na mente das pessoas excessivamente preocupadas. Consta que meu tio correspondeu com sucesso a todas essas questões ao longo do tempo. Se meu avô ainda estivesse vivo, seria um avô orgulhoso dos netos e bisnetos que chegaram — orgulhoso e preocupado, é lógico.

Eu já disse neste livro: a preocupação está na lista das contraindicações quando decidimos colocar filhos no mundo. E os nossos pais passam pelo mesmo drama quando resolvemos transformá-los em avós. Verdade que meu avô, por personalidade, exagerava em suas perturbações. Mas os pais são mesmo figuras muito estranhas. Contraditórias em seus sentimentos, muitas vezes.

Em algum momento da vida nos sentimos preparados para colocar um filho no mundo. Se não preparados, ao menos desejosos de fazê-lo. É quando nossos planos para eles começam a ser construídos. Imaginamos a carinha quando nascerem, as roupas que os acompanharão nos primeiros meses de vida e o quarto que vai recebê-los. "Vamos comprar o berço agora" — combinam os pais.

> [...] a preocupação está na lista das contraindicações quando decidimos colocar filhos no mundo. E os nossos pais passam pelo mesmo drama quando resolvemos transformá-los em avós.

Organizamos antecipadamente o primeiro aniversário, as festas na adolescência e a chegada dos 18 anos. "Já me vejo entrando na igreja no dia do casamento" — fala a mãe. Desenhamos um futuro sobre o qual não temos controle, mas adoraríamos se o tivéssemos: os filhos a caminho da escola, o desempenho no vestibular e o dia em que vão receber o diploma. Quero que torçam pelo mesmo time que eu — deseja o pai.

Traçamos o destino deles e temos respostas para todas as perguntas, como só os pais são capazes de ter. Os pais são pessoas realmente estranhas.

O filho nasce — pode ser um menino, pode ser uma menina —, e só quando nasce podemos concretizar o que imaginamos, organizamos e desenhamos naqueles nove meses entre o anúncio e o nascimento. Porém, em algum momento qualquer — sei lá bem quando isso começou a ocupar a minha mente —, as certezas começam a dar lugar às dúvidas. Descobre-se que o roteiro que havíamos planejado lá no início ganha novos contornos, pois o próximo capítulo necessariamente não será escrito por nós. Uma série de outros atores passará a influenciar aquela história: os amigos e os inimigos, a professora e os colegas, o padre ou o pastor. Todos aqueles que cruzarem pela vida do seu filho ou de sua filha, que deixará de ser apenas seu — será uma pessoa com um repertório próprio e assumirá o protagonismo da sua própria vida.

Traçamos o destino deles e temos respostas para todas as perguntas, como só os pais são capazes de ter. Os pais são pessoas realmente estranhas.

Guiamos nossos esforços para que os filhos se desenvolvam, tenham personalidade, alcancem conhecimento e encontrem na educação respostas para sua independência e felicidade no futuro. Eles crescem, ganham personalidade, adquirem conhecimento e se capacitam para viver com autonomia.

Assim que deixam nossa casa, somos incapazes de esconder a dor no peito de vê-los indo embora. Dá uma tremenda vontade de chorar. De pedir para que desistam. Que fiquem ao nosso lado, mesmo cientes de que a hora é essa. Sofremos pela distância, reclamamos que não respondem às mensagens na velocidade que nossa ansiedade pede e arrumamos qualquer desculpa para que voltem com mais frequência para nos visitar.

Aos pais parece restar o papel de espectador. Espectadores privilegiados, sentados no camarote e com acesso à área VIP, mas ainda espectadores.

Calma lá!

Somos espectadores de uma história, sim. Mas de uma história da qual somos os protagonistas, também. Porque esse cara que sai pelo mundo leva nosso legado, parte daquilo que oferecemos para ele, das mensagens que transmitimos, dos princípios e valores que defendemos em atitudes e palavras.

> Assim que deixam nossa casa, somos incapazes de esconder a dor no peito de vê-los indo embora. Dá uma tremenda vontade de chorar. De pedir para que desistam. Que fiquem ao nosso lado, mesmo cientes de que a hora é essa.

Meus filhos são resultado do que fui capaz de ensinar; e, também, a síntese de minha ignorância. Minha neurose e meu medo. Minha esperança e meu desejo. Minhas contradições e minhas angústias. Minhas convicções e minhas lutas. Minhas inseguranças e minhas certezas.

Meus vícios e virtudes estão neles. Eram meus e passaram a ser deles por minha culpa, minha tão grande culpa — e não peço desculpas, porque isso é da essência da relação entre pais e filhos. Fomos colocados no mesmo espaço — por obra de Deus ou da biologia, acredite-se no que quiser — para transmitir e absorver.

> [...] esse cara que sai pelo mundo leva nosso legado, parte daquilo que oferecemos para ele, das mensagens que transmitimos, dos princípios e valores que defendemos em atitudes e palavras.

Eu também fui contaminado pelas dúvidas que eles tiveram em cada etapa da vida. Toda vez que vi um deles escondido nas cobertas por causa do barulho desconhecido que vinha da rua, tive medo e fui impactado. Quando o outro chegava em casa angustiado pela agressão de colegas estúpidos, a dor que sentia forjava meu coração. No dia em que um bateu com a cabeça no marco da porta e uma ferida se abriu, me tornei muito mais forte do que jamais teria sido sem ele na minha vida. No dia em que encontrei o outro chorando a derrota sofrida, encontrei uma palavra de consolo que nunca imaginei que pudesse estar dentro de mim.

Quando os vi aterrorizados pela ameaça bandida que sofreram, me odiei por não ter sido capaz de evitar aquela cena. E me orgulhei ao descobrir que, mesmo diante do terror, eles me consolaram.

Quando os assisti sobre o palco montado na escola, meu coração amoleceu e eu chorei.

Cada lágrima que derramei — muito mais de alegria do que de tristeza — me fez um ser humano diferente do que eu era até aquele momento.

E tudo isso foi culpa deles, tão grande culpa — e eles jamais vão precisar me pedir desculpas, porque é da natureza da relação entre pais e filhos. Somos cúmplices desta vida que aceitamos viver juntos.

Uma vida que vale a pena ser vivida, porque desde que tudo se inicia; desde muito antes de meu avô ter criado meu pai; mas também desde que ele o criou, desde que meu pai me criou e desde que eu criei meus filhos, só existe uma razão que nos move: ser feliz!

No fim das contas, é o que queremos ser.

É o que buscamos ser.

É o que precisamos ser.

A construção de uma nova relação com nossos filhos, necessária diante das transformações da sociedade, baseada na experiência que acumulamos desde nossa criação, mas com a flexibilidade que nos permite entender esse novo momento, tem essa razão de ser.

> Uma vida que vale a pena ser vivida, porque desde que tudo se inicia; desde muito antes de meu avô ter criado meu pai; mas também desde que ele o criou, desde que meu pai me criou e desde que eu criei meus filhos, só existe uma razão que nos move: ser feliz!

O esforço em evoluir conforme o tempo, sem perder os princípios e valores que precisam ser conservados apesar do tempo; o desenvolvimento de uma cultura voltada para a ética, que se realiza na coerência de nossos atos e palavras, tem essa razão de ser.

O exercício da cidadania, com a proteção de nossos direitos e a consciência de nossos deveres perante a sociedade, assim como a defesa das causas justas e generosas, tem essa razão de ser.

A felicidade!

E o que é a felicidade?

O que é a felicidade plena que defendemos, em que prazer, utilidade e o bem estão de acordo?

É o estado de espírito em que a pessoa consegue ser mais justa e generosa; é quando o bem não existe para si mesmo, só faz sentido se for para o outro, oferecendo a ele condições de ser melhor; é quando somos capazes de manter acesa a esperança de mudança, sua e dos demais.

Um estágio em que o essencial para ser alcançado é que sejamos éticos e cidadãos.

Se formos pais capazes de manter acesa a esperança de nossos filhos, tenha certeza, a felicidade está em nós.

Cumprimos o nosso papel.

"E tudo isso movido apenas por ser pai?"

"E você acha pouco?"

FONTES DE INSPIRAÇÃO

ALLEYNE, R. "Welcome to the Information Age — 174 Newspapers a Day". *The Telegraph*, 11 fev. 2011. Disponível em: <www.telegraph.co.uk>. Acesso em: 03 de março de 2018.

ARISTÓTELES. *Ética a Nicômaco*. Tradução, textos adicionais e notas Edson Bini. 4. ed. São Paulo: Edipro, 2014 (Clássicos Editor).

CHALITA, Gabriel Benedito Issac. *Os dez mandamentos da ética*. Rio de Janeiro: Nova Fronteira, 2003.

CORTELLA, Mario Sérgio et al. *Verdades e mentiras*: ética e democracia no Brasil. Campinas: Papirus 7 Mares, 2016 (Papirus Debates).

CORTELLA, Mario Sérgio; BARROS FILHO, Clóvis. *Ética e vergonha na cara*. Campinas: Papirus 7 Mares, 2014.

FRAIMAN, Leo. *Meu filho chegou à adolescência, e agora?* Como construir um projeto de vida juntos. São Paulo: Integrare Editora, 2011.

GALVÃO, Lúcia Helena. O que é a Justiça? 2012. *Nova Acrópole*. Disponível em: <https://www.youtube.com/watch?v=CJJxm5KpVbo>. Acesso em: 17 de março de 2018.

GIKOVATE, Flávio. *Para ser feliz no amor*: os vínculos afetivos hoje. São Paulo: Mg Editores, 2016.

GRASSETTI, Stevie N. e outros (2017). "Caregivers' Advice and Children's Bystander Behaviors During Bullying Incidents". *Journal of Clinical Child & Adolescent Psychology*. DOI: <www.tandfonline.com/doi/full/ 10.1080/15374416.2017.1295381>.

"How Great Leaders Inspire Action Film". Realização de Simon Sinek. Washington: Tedx Puget Sound, 2009 (18 min.), son., color., leg. Acesso em: nov. 2014.

KOPYSTYNSKA, O. (2017). "Patterns of Interparental Conflict, Parenting, and Children's Emotional Insecurity: a Person-Centered Approach". *Journal of Family Psychology*, 31(7), 922-932. DOI: <psycnet.apa.org/doi landing?doi=10.1037%2Ffam0000343>.

KANT, Immanuel. *Fundamentação da metafísica dos costumes*. São Paulo: Abril Cultural, 1974.

LEBWOHL, Beth; HILBERT, Martin. "All Human Information, Stored on CD, Would Reach Beyond the Moon". *EarthSky*, 10 fev. 2011. Disponível em: <earthsky.org>. Acesso em: 10 de março de 2018.

REIS, Marlon. *O gigante acordado*: manifestações, Ficha Limpa e reforma política. Rio de Janeiro: Leya, 2013.

ROSENBERG, Marshall B. *Comunicação não violenta*: técnicas para aprimorar relacionamentos pessoais e profissionais. Tradução Mário Vilela. São Paulo: Ágora, 2006.

SHINYASHIKI, Roberto. *Pais e filhos, companheiros de viagem*. São Paulo: Gente, 1992.

TIBA, Içami. *Família de alta performance:* conceitos contemporâneos na educação. São Paulo: Integrare Editora, 2009.

VASCONCELLOS, E. G. Entrevista concedida a Mílton Jung, por e-mail. São Paulo: 8 mar. 2018.

Este livro foi composto na tipografia Adobe
Garamond Pro, em corpo 12/16, e impresso
em papel off-white no Sistema Cameron da
Divisão Gráfica da Distribuidora Record.